WOK-THAILÄNDISCH KOCHEN

KEN HOM

WOK-THAILÄNDISCH KOCHEN

KEN
HOM

AUGUSTUS

Widmung

Wieder einmal für Kurt und Penny Wachtveitl, Norbert Kostner und das
Personal im Oriental Hotel in Bangkok

Die Deutsche Bibliothek – CIP-Einheitsaufnahme

Ein Titeldatenschutz für diese Publikation ist bei der Deutschen Bibliothek
erhältlich.

Es ist nicht gestattet, Abbildungen dieses Buches zu scannen, in PCs oder
auf CDs zu speichern oder in PCs/Computern zu verändern oder einzeln oder
zusammen mit anderen Bildvorlagen zu manipulieren, es sei denn mit schrift-
licher Genehmigung des Verlags.

© 2002 BBC WORLDWIDE LIMITED
Woodlands, 80 Wood Lane, London W12 0TT, England

Augustus Verlag, München
© 2002 der deutschen Ausgabe
Weltbild Ratgeber Verlage GmbH & Co. KG
Alle Rechte vorbehalten

Umschlaggestaltung: Petra Dorkenwald, München
Gestaltung: Lisa Pettibone
Fotos: Jean Cazals
Styling: Sue Rowlands
Übersetzung: Ute Perchtold
Redaktion: Hildegard Mergelsberg und Olaf Rappold (red.sign, Stuttgart);
Elly Lämmlen/FALKEN Verlag
Satz und DTP: red.sign, Stuttgart
Produktion: red.sign, Stuttgart
Druck: Lego Spa, Italien

ISBN 3-8043-6147-1

Printed in Italy

Inhalt

Einleitung	7
Zutaten und Küchengeräte	8

Suppen, Snacks und Vorspeisen 26

Würzige Garnelen-Zitronengras-Suppe	28
Pikante Reissuppe	30
Hähnchen-Nudel-Suppe aus Nordthailand	32
Hühner-Kokos-Suppe	34
Thai-Frühlingsrollen	36
Würziger Papayasalat	40
Knusprige Wan-Tans mit süßer Chilisauce	42
Frittierte Garnelen	46
Knusprige Maisküchlein	48
Würziger Pomelosalat	50

Fisch und Meeresfrüchte 52

Frittierte Fischfrikadellen	54
Fisch mit Chilisauce	58
Fisch mit Mangosalat	60
Fisch in Kokosmilch	62
Gebratener Tintenfisch mit Chili	64
Garnelen mit rotem Curry	68
Garnelen mit grünem Curry	70
Geschmorte Venusmuscheln mit Chili	72
Kokosmuscheln	74
Meeresfrüchte in Kokosmilch	76

Fleisch und Geflügel 78

Schweinefleisch mit Curry	80
Filet mit Shrimpspaste	82
Rindfleischcurry Mussaman	84
Schweinehackfleisch mit Basilikum	86
Würzige Fleischbällchen	88
Würziges Curry-Hähnchen	90
Hähnchen mit rotem Curry	92
Pfannengerührtes Hähnchen mit Chili	94
Barbecue-Hähnchen	96
Hähnchen im Pandanblatt	98

Gemüse und Beilagen 100

Pfannengerührtes Gemüse	102
Auberginen süßsauer	104
Gebratener Reis	106
Gebratener Reis für Vegetarier	108
Kokosreis	110
Gebratener Hähnchenreis	112
Gebratene Reisnudeln	114
Würziger Nudelsalat	116
Grüner Bohnensalat	118
Gebratene Bohnen mit rotem Curry	120

Menüvorschläge	122
Register	127

Einleitung

Ich besuche Thailand schon seit Jahrzehnten und habe die Menschen dort, das Land, die Kultur und besonders die köstliche Küche lieb gewonnen. Ich erinnere mich noch an den Geschmack meiner ersten thailändischen Mahlzeit, an diese unglaubliche Mischung von Kräutern und Gewürzen. Seitdem hat mich mein Weg über viele farbenfrohe Lebensmittelmärkte, in Restaurants und private Küchen in ganz Thailand geführt, und ich bin immer noch verblüfft darüber, in wie vielen fantasievollen Variationen die thailändischen Köche altbekannte Zutaten zubereiten.

Ich hatte das große Glück, einige Jahre im Oriental Hotel in Bangkok arbeiten zu können. Dank Kurt Wachtveitl, dem Geschäftsführer, hatte ich Gelegenheit, die thailändische Kochkunst bei den größten Meistern der Thai-Küche zu erlernen. Sie machten mich mit den Grundlagen thailändischer Kochtechniken, den Zutaten, Aromen und harmonischen Zusammenstellungen vertraut. Ich besuchte Kurse an der bekannten Thai Cooking School und arbeitete daneben unter der Führung von Küchenchef Norbert Kostner im Oriental Hotel. Norbert Kostner ist mit einer Thailänderin verheiratet, spricht fließend thailändisch und lebt nun schon so lange in Thailand, dass er vollkommen in die Kultur des Landes integriert ist. Am Wichtigsten aber ist, dass er ein überragender Vertreter thailändischer Kochkunst ist. Sein Wissen über sämtliche Kochtraditionen ist außerordentlich, aber seine große Liebe gilt der Thai-Küche. Norbert war so freundlich, mich unter seine Fittiche zu nehmen und sein Wissen über die Küche seiner Wahlheimat mit mir zu teilen.

Seine Begeisterung für die Thai-Küche brachte mich dazu, ihm nachzueifern und mir thailändische Traditionen anzueignen. Meine Erfahrungen im Oriental Hotel vertieften meine Wertschätzung der Thai-Küche; ich liebe ihre charakteristischen, so überraschenden wie köstlichen Kombinationen von Aromen und Substanzen. Seither verwende ich thailändische Aromen bei der Zubereitung sehr vieler Gerichte – gleich welcher Landesküche. Meine Erfahrung ist, dass jede kulinarische Tradition durch thailändische Einflüsse nur gewinnen kann.

Ich hoffe, Sie verwenden dieses Buch als handlichen und nützlichen Führer durch die immer beliebter werdende thailändische Küche und finden sie so wunderbar und erfrischend wie ich.

> **Ich erinnere mich noch an den Geschmack meiner ersten thailändischen Mahlzeit, an diese unglaubliche Mischung von Kräutern und Gewürzen.**

Zutaten und Küchengeräte

ZUTATEN

Es hat nur einige Jahrzehnte gedauert, bis die thailändische Küche mit ihren einzigartigen Zutaten außerhalb Thailands Fuß fasste. Thailändische Zutaten haben inzwischen in den Küchen von Hobbyköchen und Restaurants ihren festen Platz gefunden. Zum Teil wurde diese Entwicklung durch das wachsende Gesundheitsbewusstsein gefördert – die meisten Thai-Gerichte sind leicht und werden mit wenig tierischen Fetten wie Butter, Sahne oder Käse zubereitet. Außerdem sind durch die Globalisierung viele exotische thailändische Zutaten inzwischen leicht erhältlich und damit alltäglich geworden. Und mit der zunehmenden Auswanderung von Thailändern in westliche Länder hat sich auch ihre Küche mit der anderer Kulturen vermischt.

Im Folgenden stelle ich Ihnen die in diesem Buch verwendeten Zutaten kurz vor.

Auberginen

In Thailand gibt es verschiedene Auberginensorten, solche, die an große grüne Erbsen erinnern, bis zu langen grünen Sorten, die Bananen ähneln. Einige Sorten werden mit einer Sauce oder einem Dip roh gegessen. Chinesische Auberginen haben eine violette Farbe und sind in verschiedenen Größen erhältlich: Die großen, rundlichen gibt es in jedem Supermarkt, die kleineren, dünneren werden von den Thais (und den Chinesen) bevorzugt, weil sie feiner im Geschmack sind. Nehmen Sie Auberginen mit glatter, makelloser Schale.

Thailändische Köche schälen Auberginen normalerweise nicht, weil die Schale Struktur, Geschmack und Form des Gemüses bewahrt. Die großen Auberginen, die in westlichen Ländern angeboten werden, sollte man wie im Rezept angegeben schneiden, mit etwas Salz bestreuen und 20 Minuten stehen lassen. Dann abspülen und mit Küchenkrepp trockentupfen. Dadurch wird dem Gemüse bitterer Saft entzogen, bevor es gekocht wird, und die Auberginen behalten auch im fertigen Gericht ihren Eigengeschmack. Bei chinesischen Auberginen ist diese Vorbereitung nicht nötig.

Basilikum

Basilikum und viele andere frische, aromatische Kräuter werden in der Thai-Küche zum Abschmecken von Salaten, Currygerichten und Kurzgebratenem verwendet. Thailändisches Basilikum unterscheidet sich von der hierzulande gebräuchlichen Art. Die in Thailand bekannteste Sorte hat kleine, intensiv dunkelgrüne Blätter mit einem Stich ins Violette und riecht stark nach Anis. Sie erhalten thailändisches Basilikum in vielen Asienläden, aber das bei uns bekannte Basilikum kann gut als Ersatz genommen werden.

Drei verschiedene Auberginensorten

Chilis

Chilischoten sind die Samenhülsen eines Paprikagewächses und frisch, getrocknet oder gemahlen erhältlich. Es gibt sie in vielen Farben, in Hunderten von Varianten und in verschiedenen Schärfegraden; aber es gibt nur wenige Sorten, die man kaufen kann, und man lernt schnell, sie zu unterscheiden. Die Thais verwenden Chilis ganz unbekümmert, aber als Europäer sollte man anfangs vorsichtiger sein. Es empfiehlt sich, mit den milderen Sorten zu beginnen. Wenn man die kleinen Kerne entfernt, die besonders scharf sind, wird die Intensität der Schärfe verringert, ohne dass das Aroma darunter leidet.

Frische Chilis

Frische Chilis sehen frisch und glänzend aus und haben keine schwarzen Punkte oder braunen Flecken. Rote Chilis sind allgemein milder als grüne, weil sie beim Reifen an Schärfe verlieren. Die kleinen roten oder grünen Thai-Chilis sind besonders scharf und feurig.

Wenn Sie frische Chilischoten zubereiten, spülen Sie sie in kaltem Wasser, schlitzen sie dann mit einem kleinen scharfen Messer der Länge nach auf und entfernen die Kerne. Spülen Sie die Chilis nochmals unter fließendem kaltem Wasser ab und verarbeiten Sie sie dann wie im Rezept beschrieben. Waschen Sie auf jeden Fall Ihre Hände, das Messer und das Schneidbrett, bevor Sie andere Zutaten verarbeiten, und berühren Sie nicht Ihre Augen, bevor Sie sich nicht gründlich die Hände gewaschen haben.

Getrocknete rote Chilis

Die in Thailand verwendeten getrockneten roten Chilis sind klein, dünn und etwa 1 cm lang. Sie werden normalerweise ganz gelassen oder der Länge nach halbiert, wobei die Kerne in der Schote bleiben. Man würzt damit Öl, das für pfannengerührte Gerichte, Saucen und zum Schmoren verwendet wird.

Getrocknete Chilischoten sind in Asienläden und in vielen Supermärkten erhältlich. Sie halten sich nahezu unbegrenzt in einem fest verschlossenen Gefäß.

Chiliöl/Chilidip

Chiliöl wird in ganz Südostasien für Dips oder als Gewürz verwendet. Sein Schärfegrad hängt von den verwendeten Chilisorten ab.

Im Uhrzeigersinn von links: getrocknete rote Chilis, frische rote Chilis und Chiliöl

Thailän- dische und malaysische Varianten sind sehr scharf, taiwanesische und chinesische Sorten fallen milder aus.

Im Handel erhältliche Fertigprodukte sind akzeptabel, aber selbst gemachtes Öl (Rezept siehe unten) ist viel besser. Zum Kochen ist Chiliöl als alleiniges Öl zu scharf; am besten mischen Sie es mit milderen Ölen.

Dieses Rezept enthält Pfeffer und schwarze Bohnen, die dem Öl zusätzliches Aroma verleihen; so kann man es auch als Dip nehmen.

150 ml Erdnussöl
2 EL getrocknete rote Chilis, gehackt
1 EL Sichuan-Pfefferkörner
2 EL ganze gesalzene schwarze Bohnen

Einen Wok oder eine große Bratpfanne stark erhitzen, das Öl und die anderen Zutaten hineingeben. Bei schwacher Hitze etwa 10 Minuten garen. Abkühlen lassen, dann in ein Gefäß gießen. Die Mischung 2 Tage stehen lassen, anschließend das Öl durch ein Sieb abgießen. In einem fest verschlossenen Glasgefäß an einem kühlen dunklen Ort aufbewahrt hält sich das Öl sehr lange.

Von links nach rechts: geflügelte Bohnen, Koriander, thailändisches Basilikum und Chinakohl

10 | ZUTATEN UND KÜCHENGERÄTE

Chilipulver

Chilipulver wird aus getrockneten roten Chilis hergestellt und ist sehr scharf. Verwenden Sie es anfangs sparsam und dosieren Sie es später nach Belieben.

Chinakohl

Diesen köstlichen, knackigen Kohl gibt es in verschiedenen Größen, von langen fassförmigen bis zu kurzen rundlichen Sorten. Sie haben feste hellgrüne (in manchen Fällen auch leicht gelbliche), gewellte Blätter. Chinakohl wird gern als Zutat für Suppen und gebratenes Fleisch verwendet, denn er hat einen angenehmen Geschmack und die Fähigkeit, Aromen aufzusaugen wie ein Schwamm. Bewahren Sie ihn wie normalen Kohl auf.

Currypulver

Die in westlichen Ländern erhältlichen Currypulver unterscheiden sich stark von denen, die in der indischen Küche verwendet werden; dennoch gibt es viele gute Marken, die sich für Currygerichte eignen. Madras-Currypulver ist bei thailändischen Köchen durch seinen exotischen Geschmack und sein dezentes Aroma sehr beliebt. Denken Sie daran, dass Curry eher einen Kochstil bezeichnet als ein einzelnes Gewürz.

Essig

In der thailändischen Küche ist Essig eine weit verbreitete Zutat. Er wird normalerweise aus Reis hergestellt. Es gibt verschiedene Sorten, vom würzigen und leicht herben bis zum süßen und scharfen Essig. Alle Sorten können Sie in Asienläden bekommen. Falls Sie die unten aufgeführten Essigsorten nicht finden, nehmen Sie am besten Apfelessig. Thailändische Küchenchefs verwenden manchmal Weißweinessig von guter Qualität, weil sie ihn wegen seines scharfen Geschmacks schätzen. Aber ersetzen Sie Reisessig nicht einfach durch Weißweinessig – der Unterschied ist zu groß.

Chinesischer weißer Reisessig

Dieser Essig ist klar und mild im Geschmack. Er schmeckt ein wenig nach Klebreis und wird für süße und saure Speisen genommen.

Schwarzer Reisessig

Dieser Essig ist sehr dunkel und gehaltvoll, dennoch mild im Geschmack. Er wird für Schmorgerichte, Saucen und manchmal als Dip für Krabben genommen.

Roter Reisessig

Roter Reisessig schmeckt süß und würzig und wird als Dip für Meeresfrüchte verwendet.

Flügelbohnen

Dieses ungewöhnliche Gemüse schätzen die Thailänder wegen seines köstlichen Geschmacks, der ein wenig an Spargel erinnert. Die kurzen, eckigen Bohnen sind leuchtend grün und haben dekorative Spitzen an jedem Ende, daher der Name. Sie werden oft blanchiert, in einem würzigen Dressing gewendet und als Salat serviert. Falls Sie keine solchen Bohnen bekommen, nehmen Sie stattdessen Stangen- oder Prinzessbohnen.

Galgant

Diese Wurzelknolle ist mit Ingwer verwandt und meist als thailändischer oder Siam-Ingwer bekannt. Galgant ist weiß bis cremefarben und hat rosa Spitzen. Er hat einen scharfen, pfeffrigen Geschmack und wird in Thailand viel verwendet. Galgant wird mit Chilischoten und anderen Gewürzen und Kräutern gemischt und bildet eine Grundlage für Currygerichte, Suppen und Eintöpfe. Die Thais schwören auch auf die medizinische Wirkung der Galgantwurzel. Sie können sie durch frischen Ingwer ersetzen.

Garnelen

Für die Rezepte in diesem Buch benötigen Sie große, ungekochte Garnelen. Sie erhalten sie tiefgefroren und ungeschält und inzwischen auch recht preiswert in Asienläden oder beim Fischhändler. Bereits gekochte Garnelen sind oft zu lange gegart worden und nehmen deshalb die speziellen Aromen der Sauce, in der sie zubereitet werden, nicht mehr an.

So schälen Sie die Garnelen: Drehen Sie den Kopf ab, öffnen Sie die Schale und lösen Sie sie mitsamt den winzigen Beinchen der Länge nach ab (wenn Sie mögen, lassen Sie den Schwanz am Körper). Schlitzen Sie große Garnelen den Rücken entlang auf und entfernen Sie den Darm. Spülen Sie die Garnelen dann dreimal in etwa 1,2 l Wasser, in das Sie 1 EL Salz gegeben haben. Nehmen Sie für jeden Spülgang frisches Salzwasser. Die Garnelen werden durch das Spülen fester und bekommen einen frischen Geschmack.

Ingwer

Frische Ingwerwurzel ist eine unverzichtbare Zutat in der thailändischen Küche. Der kräftige, würzige Geschmack verleiht Suppen, Fleisch und Gemüse ein feines, unverwechselbares Aroma. Ingwer ist außerdem ein wichtiges Gewürz für Fisch und Meeresfrüchte.

Die Ingwerwurzel ist 7,5–15 cm lang. Frischer Ingwer ist fest und hat keine schrumpeligen Stellen. Gut in Frischhaltefolie eingewickelt, hält er sich im Kühlschrank bis zu 2 Wochen. Die hellbraune Schale wird vor dem Gebrauch geschält. Getrockneter Ingwer in Pulverform hat einen ganz anderen Geschmack und ist als Ersatz kaum geeignet.

Jasminreis

Thailändische Köche bevorzugen diesen duftenden Langkornreis wegen seines nussigen, aromatischen Geschmacks. Diese Vorliebe hat etwas Unergründliches; ich habe gelesen, dass eigentlich kein Jasmingeschmack wahrnehmbar sei, aber der Reis angenehm anders als andere schmecke. Ich finde, dieser feine Unterschied ist tatsächlich vorhanden.

Im Uhrzeigersinn von links oben: Knoblauch, Galgant, Ingwer und getrocknete Shrimps

Gedämpfter Reis

Am besten gelingt Reis, wenn er gedämpft wird. Ich bevorzuge Jasminreis, Basmatireis oder einen anderen guten, weißen Langkornreis. Nehmen Sie keinen vorgekochten oder Schnellkochreis, er hat nicht genug Aroma und nicht die notwendige Konsistenz.

Das Geheimnis des Reiskochens besteht darin, den Reis zuerst in einem Topf ohne Deckel bei starker Hitze zu kochen, bis das meiste Wasser verdunstet ist. Dann wird die Hitze sehr stark reduziert, der Topf zugedeckt und der Reis im verbliebenen Wasserdampf fertig gegart. Nehmen Sie den Deckel während des Dämpfens nicht vom Topf; achten Sie nur auf die richtige Garzeit und warten Sie ab.

Wenn Sie den Reis etwa 2,5 cm hoch mit Wasser bedecken, dann kocht er immer richtig, ohne zu verkleben. Viele Packungsanweisungen sehen zu viel Wasser vor, und das Ergebnis ist eine klebrige Masse. Mit meiner Methode wird Ihr Reis perfekt gedämpft.

Für 4 Personen Reis bis zur 400-ml-Markierung in einen Messbecher füllen. In einer großen Schüssel mehrmals waschen, bis das Wasser klar ist. Abtropfen lassen, mit 600 ml Wasser in einem schweren Topf zum Kochen bringen. Etwa 5 Minuten kochen, bis die meiste Flüssigkeit verdampft und die Reisoberfläche voller Einkerbungen ist. Den Topf fest verschließen und den Reis bei schwacher Hitze ungestört 15 Minuten garen. Den Reis nicht auflockern; vor dem Servieren 5 Minuten ruhen lassen.

Kaffir-Limettenblätter

Der Kaffir-Limettenbaum wächst nur in Südostasien. Die grünen Früchte sind etwa so groß wie kleine Orangen. In der Thai-Küche werden vor allem die Blätter verwendet. Sie haben ein einmaliges, fast bitteres Zitronenaroma und geben vielen Gerichten wie Currys, Suppen, Eintöpfen und Saucen eine besondere Note. Als Ersatz kann man Limettenzesten nehmen.

Knoblauch

Dieses Gewürz verwenden thailändische Köche auf vielfältige Weise: ganz, fein gehackt, zerstoßen und eingelegt. Man nimmt es für nahezu jedes Gericht. Der thailändische Knoblauch hat kleinere Zehen und ist milder als die westlichen Varianten. Er besitzt eine zarte rosa Schale, die die Thais nicht abschälen. Wenn Sie keinen thailändischen bekommen, nehmen

Im Uhrzeigersinn von links: Zitronengras-Stängel, Kaffir-Limettenblätter, frische Limette

Sie anderen Knoblauch mit fester rosa Schale. Lagern Sie ihn kühl und trocken, aber nicht im Kühlschrank, denn dort verschimmelt er leicht oder beginnt zu sprießen.

Kokosmilch

Kokosmilch wird in Thailand und im übrigen Südostasien ausgiebig verwendet. Sie hat einige Eigenschaften der Kuhmilch – sie muss z. B. gerührt werden, wenn sie zu kochen beginnt, und ihr Fett ähnelt in seiner Zusammensetzung mehr Butterfett als Pflanzenfett. Das macht die Kokosmilch in der thailändischen Küche zu einer so wichtigen wie ungewöhnlichen Zutat.

Kokosmilch ist die aus dem geraspelten Kokosfleisch gewonnene und mit Wasser vermischte Flüssigkeit. Sie wird für Currygerichte und Eintöpfe verwendet und mit Currypasten zu Saucen vermischt. Kokosmilch ist auch ein beliebtes Getränk und eine wichtige Zutat für Puddings und Süßigkeiten.

In Asienläden findet man manchmal frisch zubereitete Kokosmilch. Preiswerte Kokosmilch in Dosen gibt es auch in Supermärkten. Viele der erhältlichen Marken sind von hoher Qualität, besonders Kokosmilch aus Thailand oder Malaysia. Achten Sie darauf, die Dose vor dem Öffnen gut zu schütteln.

Koriander

Frischer Koriander, auch chinesische Petersilie genannt, ist in der Thai-Küche sehr beliebt. Er sieht ähnlich aus wie glattblättrige Petersilie, aber sein kräftiges, moschusartiges, zitronenähnliches Aroma gibt ihm einen unverwechselbaren Charakter. An das Aroma muss man sich erst gewöhnen, aber es lohnt sich.

Korianderblätter werden als Garnierung verwendet oder gehackt unter Saucen und Füllungen gemischt. Koriander gibt es in Asienläden und zunehmend auch in Supermärkten.

Achten Sie beim Kauf auf dunkelgrüne und frische Blätter. So bewahrt man Koriander auf: Waschen Sie ihn in kaltem Wasser, lassen Sie ihn gründlich abtropfen (am besten benutzen Sie dazu eine Salatschleuder) und wickeln Sie ihn in Küchenkrepp. Im Gemüsefach des Kühlschranks sollte er sich einige Tage halten.

Koriander, gemahlen

Gemahlener Koriander hat ein frisches, zitronenartiges, süßes Aroma und wird häufig für Currygerichte verwendet. Man kann ihn gemahlen kaufen oder ganze Samenkörner im Backofen rösten und dann fein mahlen.

Limetten

Die kleinen grünen Zitrusfrüchte stammen aus Südasien. Sie haben einen feinen, frischherben Geschmack und werden als Basis für Saucen oder zum Würzen genommen. Saft und Schale der Frucht verleihen vielen thailändischen Gerichten ein einmaliges Aroma. Thailändische Limetten sind kleiner und dunkler als die bei uns bekannten Sorten, aber genauso saftig und aromatisch.

Nudeln

Nur Reis hat in der Thai-Küche eine größere Bedeutung als Nudeln. Nudeln liefern wie Reis die Grundlage für nahrhafte und schnelle Mahlzeiten und sind auch oft Bestandteil leichter Snacks. Die in der Thai-Küche verwendeten Nudelsorten erhalten Sie in Asienläden und manchen Supermärkten.

Glasnudeln

Diese sehr feinen, weißen Nudeln werden aus gemahlenen Mungobohnen hergestellt. Man erhält sie getrocknet in Asienläden und Supermärkten. Glasnudeln werden zu Schmorgerichten und Suppen gereicht oder frittiert als Garnierung verwendet. Sie werden vor dem Kochen etwa 5 Minuten in warmem Wasser eingeweicht. Da sie recht lang sind, kann man sie nach dem Einweichen kleiner schneiden. Zum Braten müssen sie nicht eingeweicht werden, aber man sollte vorher die Fäden voneinander trennen. Geben Sie die Nudeln dazu in eine große Papiertüte, damit sie nicht überall herumfliegen.

Reisnudeln

Diese getrockneten Nudeln sind opalweiß und werden in verschiedenen Formen angeboten. Besonders beliebt sind Reisstäbchennudeln, die flach und etwa so lang wie Ess-Stäbchen sind. Weichen Sie die Reisnudeln 25 Minuten in warmem Wasser ein und gießen Sie sie in ein Sieb ab. Danach können sie für Suppen oder pfannengerührte Gerichte verwendet werden.

Weizen- und Eiernudeln

Sie sind getrocknet oder frisch erhältlich und werden aus Hartweizen oder weichem Weizenmehl und Wasser hergestellt. Wenn auch Eier enthalten sind, nennt man sie Eiernudeln. Flache Nudeln werden meist in Suppen verwendet, runde zum Braten. Frische Nudeln kann man gut verpackt einfrieren; lassen Sie sie vor dem Kochen vollständig auftauen.

Getrocknete Weizen- oder frische Eiernudeln können anstelle von Reis zu den Hauptmahlzeiten serviert werden. Dazu die Nudeln 3–5 Minuten in kochendem Wasser garen und dann abgießen. Wenn Sie Nudeln im Voraus kochen oder sie nach dem Garen braten wollen, vermischen Sie die gekochten, abgetropften Nudeln mit 2 TL Sesamöl. In einer mit Frischhaltefolie bedeckten Schüssel können Sie die Nudeln bis zu 2 Stunden im Kühlschrank aufbewahren.

Öle

Öl ist die am häufigsten verwendete Kochzutat in Thailand; in einigen Gegenden nimmt man auch tierische Fette. Meist kocht man mit einfachen pflanzlichen Ölen aus Rapssaat, ich selbst bevorzuge Erdnussöl.

Um Öl nach dem Frittieren noch einmal ver-wenden zu können, lassen Sie es abkühlen und filtern Sie es durch ein Baumwolltuch oder ein feines Sieb in ein Gefäß, das Sie verschlossen kühl und trocken lagern. Öl sollte nur einmal wiederverwendet werden, da der Anteil an gesättigten Fettsäuren von Mal zu Mal ansteigt.

Erdnussöl

Ich nehme gern Erdnussöl wegen des angenehmen, unaufdringlichen Geschmacks. Es hat einen höheren Anteil an gesättigten Fettsäuren als andere Öle und kann stark erhitzt werden ohne zu verbrennen. Deshalb eignet es sich perfekt zum Anbraten und Frittieren. Sie finden es in den meisten Supermärkten, können es aber auch durch Maiskeimöl ersetzen.

Maiskeimöl

Maiskeimöl ist ebenfalls hoch erhitzbar. Es hat allerdings einen etwas faden Geschmack und riecht leicht unangenehm. Es ist reich an mehrfach ungesättigten Fettsäuren und zählt deshalb zu den gesünderen Ölen.

Sesamöl

Dieses dickflüssige, goldbraune Öl, das aus Sesamsamen hergestellt wird, hat ein deutlich

Im Uhrzeigersinn von links oben: Eiernudeln, dünne Reisnudeln, Reisstäbchennudeln und Glasnudeln

nussartiges Aroma. Es wird in der Thai-Küche als Gewürz verwendet, aber normalerweise nicht als Bratfett, weil es leicht verbrennt. Nehmen Sie es lieber als Aromageber – mit einem Schuss Sesamöl runden Sie ein Gericht ab.

Andere pflanzliche Öle

Zu den preiswerteren pflanzlichen Ölen gehören Sojabohnen-, Distel- und Sonnenblumenöl. Sie sind hell und leicht im Geschmack und sollten mit Vorsicht verwendet werden, denn sie verbrennen bei niedrigeren Temperaturen als Erdnussöl.

Pfeffer

Schwarzer Pfeffer

Schwarze Pfefferkörner sind unreife Beeren eines Strauchs aus der Piperaceae-Familie. Sie werden fermentiert und getrocknet, bis sie hart und schwarz sind. Frisch gemahlen schmecken sie am besten. Schwarzer Pfeffer sorgte für die

Oben: Jasminreis, Wan-Tan-Teigblätter und darunter Reispapier

16 | ZUTATEN UND KÜCHENGERÄTE

Schärfe in thailändischen Gerichten, bis im 16. Jahrhundert die Chilischote eingeführt wurde. Auch heute sind schwarze Pfefferkörner ein wesentlicher Bestandteil von Marinaden, Pasten und Gewürzen.

Weißer Pfeffer

Weiße Pfefferkörner werden aus den größten der reifen Beeren des Pfefferstrauchs hergestellt. Sie werden mehrere Tage in fließendes Wasser gehängt und quellen dadurch auf. Die Schale ist dann einfach zu entfernen. Die geschälten Beeren werden in der Sonne getrocknet, was ihnen ihre hellbeige Farbe verleiht.

Reispapierblätter

Reispapier wird aus einer Mischung aus Reismehl, Wasser und Salz hergestellt. Der Teig wird mit einer Maschine papierdünn ausgerollt und dann in der Sonne auf Bambusmatten getrocknet, die dem durchsichtigen Reispapier sein schönes Muster verleihen. Reispapierblätter werden eher mit vietnamesischer Küche in Verbindung gebracht, aber ich nehme sie gern, um Frühlingsrollen einzuwickeln, weil sie weniger Öl aufsaugen als Blätter aus Weizenmehl.

Reispapierblätter sind rund oder eckig und werden in Asienläden und Supermärkten angeboten. Alle Marken sind gut, besonders die Blätter aus Vietnam und Thailand. Achten Sie beim Kauf darauf, dass das Reispapier weiß ist; gelbliche Blätter sind vielleicht zu alt. Auch zerbrochene Blätter in der Packung deuten darauf hin, dass die Haltbarkeit überschritten ist.

Lagern Sie Reispapier kühl und trocken. Bewahren Sie angebrochene Packungen in einer Plastiktüte auf, die Sie gut verschließen.

Saucen und Pasten

Zur Thai-Küche gehört eine Reihe von leckeren Saucen und Pasten. Sie sind unentbehrlich für den authentischen Geschmack thailändischer Gerichte. Die meisten werden in Flaschen oder Dosen in Asienläden und Supermärkten angeboten. Saucen aus der Dose sollten, wenn sie geöffnet sind, in ein Glasgefäß mit Schraubverschluss umgefüllt und im Kühlschrank aufbewahrt werden; dort halten sie sich sehr lange.

Austernsauce

Diese dickflüssige braune Sauce wird aus Austern, die in Sojasauce und Salzwasser gekocht wurden, hergestellt. Trotz ihres Namens hat Austernsauce keinen fischigen Geschmack. Sie besitzt ein volles Aroma und wird nicht nur als Zutat zum Kochen, sondern, mit etwas Öl verdünnt, auch als Gewürz für Gemüse-, Geflügel- und Fleischgerichte verwendet. Austernsauce erhält man in Flaschen in Asienläden und Supermärkten. Man bewahrt sie am besten im Kühlschrank auf. Inzwischen gibt es auch eine vegetarische Austernsauce mit Pilzen.

Chili-Bohnen-Sauce

Die dickflüssige, dunkle Sauce oder Paste wird aus Sojabohnen, Chilischoten und anderen Gewürzen hergestellt und ist sehr scharf. Verschließen Sie das Gefäß nach jedem Gebrauch fest und bewahren Sie die Sauce in der Speisekammer oder im Kühlschrank auf. Verwechseln Sie sie nicht mit Chilisauce, einer schärferen, röteren und dünnflüssigeren Sauce, die ohne Bohnen hergestellt und hauptsächlich als Dip zu warmen Mahlzeiten gereicht wird.

Fischsauce

Fischsauce (thailändisch *Nam plaa*) ist in Thailand eine Standardzutat. Die dünne braune Sauce wird aus fermentiertem, gesalzenem frischem Fisch hergestellt, meist aus Sardellen. Sie riecht merklich nach Fisch und schmeckt salzig; Sie sollten sie am Anfang nur sparsam verwenden. Beim Kochen verringert sich jedoch der Fischgeruch, und die Sauce gibt den Gerichten eine besondere Note. Die thailändischen Marken sind besonders gut, weil sie nicht so salzig schmecken. Da Fischsauce nicht teuer ist, greifen Sie ruhig zu Qualität.

Shrimpspaste und -sauce

Dieses Gewürz wird aus pulverisierten, gesalzenen Garnelen hergestellt, die fermentiert werden. Wird die dickflüssige, saftige, leicht rötliche Mixtur sofort in Gläser abgefüllt, entsteht eine Sauce, die während des Reifens einen scharfen Geschmack annimmt. Für Shrimpspaste wird die Mischung in der Sonne getrocknet und in Stücke geschnitten. In Thailand ist dieses Gewürz sehr beliebt; es verleiht Gerichten einen unverwechselbaren Duft und Geschmack – ähnlich wie Sardellenpaste, aber es ist kräftiger. Durch den Garprozess wird die Wirkung jedoch abgemildert.

Die besten Marken kommen aus Thailand und sind in Asienläden erhältlich. Im Kühlschrank sind sie sehr lange haltbar.

Sojasaucen

Sojasauce ist eine besonders wichtige Zutat in der Thai-Küche. Sie wird aus einer Mischung aus Sojabohnen, Mehl und Wasser hergestellt, die erst fermentiert, dann einige Monate gelagert und schließlich destilliert wird.

Es gibt zwei Hauptsorten. Helle Sojasauce ist, wie der Name sagt, von heller Farbe, besitzt aber ein volles Aroma und eignet sich zum Kochen besser als die andere Sorte. Sie ist salziger als die dunkle Sojasauce.

Dunkle Sojasauce wird vor dem Destillieren viel länger gelagert als helle, deshalb ist sie dunkler, fast schwarz. Sie ist etwas dicker und kräftiger im Geschmack und passt besser als die helle Sauce zu Eintöpfen. Ich ziehe sie als Dip der hellen Sojasauce vor.

Die meisten Sojasaucen, die in Supermärkten verkauft werden, sind dunkel. In Asienläden werden beide Sorten in ausgezeichneter Qualität angeboten.

Thailändische Currypaste

Diese Paste aus Gewürzen und Kräutern besitzt ein intensives Aroma und wird in Kokoscurrys, Suppen und anderen Gerichten verwendet. Rote Currypaste wird mit getrockneten roten Chilis, grüne Currypaste mit frischen grünen Chilis hergestellt. Beachten Sie, dass grüne Chilischoten viel schärfer sind als rote.

Es ist zeitraubend, Currypaste selbst herzustellen, und selbst in Thailand kauft man lieber fertige Pasten. Sie sind auch bei uns in hervorragender Qualität im Supermarkt erhältlich.

Schalotten

Schalotten gehören zur Familie der Zwiebeln, sind aber milder im Geschmack. Sie haben etwa die Größe von Silberzwiebeln und eine kupferrote Schale. Die bei uns bekannten Sorten sind ein guter Ersatz für thailändische Schalotten, die sogar in Asienläden nur schwer zu bekommen sind. Sie sind recht teuer, aber wegen ihres würzigen Aromas braucht man nur einige wenige. Bewahren Sie Schalotten an einem kühlen, trockenen Ort auf (nicht im Kühlschrank) und schälen und schneiden oder hacken Sie sie wie normale Zwiebeln.

Sesamsamen

Die getrockneten Samen des Sesamkrauts haben einen angenehmen, nussigen Geschmack und sind reich an Eiweiß und Mineralien. Ungeschält sind die Körner grauweiß bis schwarz; geschält winzig, cremefarben und an einem Ende spitz. In einem Glasgefäß kühl und trocken gelagert sind sie sehr lange haltbar.

Um Sesamsamen zu rösten, eine Pfanne erhitzen, Samen hineingeben und hin und wieder umrühren. Wenn sie nach etwa 3–5 Minuten leicht braun werden, nochmals umrühren und die Samen dann auf eine Platte geben. Abkühlen lassen; kühl und dunkel lagern.

Die Samen können auch auf einem Backblech im vorgeheizten Ofen bei 160 °C (Umluft 140 °C, Gas Stufe 1–2) etwa 10–15 Minuten geröstet werden, bis sie leicht gebräunt sind.

Shaoxing-Reiswein

Wein spielt als Gewürz in der Thai-Küche keine so große Rolle wie in der chinesischen, wo er seit Jahrhunderten verwendet wird; doch inzwischen wird Reiswein immer beliebter. Ich finde, der beste Reiswein kommt aus Shaoxing im Osten Chinas. Er wird aus Klebreis, Hefe und Quellwasser hergestellt. Shaoxing-Reiswein ist in Asienläden und einigen Weinhandlungen erhältlich. Er sollte fest verkorkt bei Zimmertemperatur gelagert werden. Ein guter, trockener, heller Sherry kann ihn ersetzen, aber er hat nicht den ausgereiften Geschmack des Reisweins. Verwechseln Sie diesen Wein nicht mit Sake, der japanischen Variante des Reisweins, die ganz anders schmeckt. Auch westliche Traubenweine sind kein adäquater Ersatz.

Shrimps, getrocknet

Man benötigt nur eine kleine Menge getrocknete Shrimps, um einem Gericht mehr Aroma zu verleihen, sie sind also eine sehr ökonomische Zutat. Achten Sie beim Einkauf darauf, dass sie leuchtend rotorange sind. Man erhält getrocknete Shrimps in Asienläden und manchen Supermärkten.

Wan-Tan-Teigblätter

Diese dünnen, gelblichen Teigblätter werden aus Eiern und Mehl hergestellt. Sie können mit Hackfleisch gefüllt und dann gebraten, gedämpft oder in Suppen verwendet werden. Wan-Tan-Teigblätter erhalten Sie frisch oder tiefgefroren in Asienläden, wo sie in Plastikverpackungen angeboten werden, die kleine Stapel von etwa 8 cm großen Quadraten enthalten. Frische Teigblätter halten sich ungefähr 5 Tage, wenn man sie in Frischhaltefolie ge-

Im Uhrzeigersinn von links oben: Fischsauce, grüne Currypaste, Chili-Bohnen-Sauce, Austernsauce, Shrimpspaste und rote Currypaste

ZUTATEN | 19

Im Uhrzeigersinn von links: Currypulver, Sesamsamen und Mungobohnen

wickelt oder in einer Plastiktüte im Kühlschrank aufbewahrt. Bei tiefgefrorenen Teigblättern nehmen Sie die erforderliche Menge aus der Packung und tauen sie vor Gebrauch vollständig auf.

Wan-Tan-Teigblätter sollten nicht mit dem viel feineren Reispapier verwechselt werden (siehe S. 17).

Zitronengras

Dieses Kraut ist fast ein Synonym für die thailändische Küche. In keiner anderen Küche, außer der vietnamesischen, wird es so häufig verwendet. Sein feiner, zitronenartiger Duft und Geschmack geben Lebensmitteln eine sehr spezielle Note. Es ist die wichtigste Zutat in der berühmten Suppe *Tom yam ghoong* (Würzige Garnelen-Zitronengras-Suppe, Rezept siehe S. 28) und in vielen anderen thailändischen Spezialitäten.

In Thailand wird Zitronengras auch als Heilmittel betrachtet und häufig bei Verdauungsbeschwerden verschrieben. Es ist ein naher Verwandter der Citronella, die jedoch einen stärkeren Ölgehalt aufweist und eher für Parfums und Insektenschutzmittel genommen wird. Man sollte die beiden nicht verwechseln.

Zitronengras ist frisch und in getrockneter Form erhältlich. Die Halme des frischen Zitronengrases sind bis zu 60 cm lang. In den meisten Rezepten wird nur das untere Ende verwendet. Zitronengras ist eine faserige Pflanze, aber dies ist kein Problem, weil die Stücke aus dem Gericht entfernt werden, sobald es gar ist. Bei Rezepten, in denen Zitronengras fein gehackt werden soll oder in einer Paste verarbeitet wird, ist es ein Bestandteil des Gerichts und wird nicht entfernt.

Nehmen Sie das frischeste Zitronengras, das Sie bekommen können; Sie finden es normalerweise in Asienläden. Verwenden Sie kein getrocknetes Zitronengras zum Kochen, es wird überwiegend für Kräutertees benutzt. Frisches Zitronengras hält sich, locker eingewickelt, bis zu einer Woche im Gemüsefach des Kühlschranks. Beachten Sie, dass Zitronen kein Ersatz für Zitronengras sind.

Zucker

Zucker wird in Thailand beim Kochen von pikanten Gerichten seit Jahrhunderten verwendet. Richtig dosiert, trägt er zur Ausgewogenheit der verschiedenen Aromen in vielen Gerichten bei. Thailändischer Palmzucker wird als brauner Zucker in Scheiben oder großen Stücken angeboten; er hat einen feineren Geschmack als raffinierter Kristallzucker und verleiht Schmorgerichten und Saucen einen schönen Glanz. Sie erhalten ihn in Asienläden, wo er meist in Schachteln verkauft wird. Vielleicht müssen Sie die Scheiben oder großen Stücke mit einem Holzhammer oder einer Teigrolle in kleinere Stücke brechen.

Wenn Sie keinen thailändischen Zucker finden, nehmen Sie weißen Kristallzucker, Kandis oder hellbraunen Zucker, der mit der gleichen Menge Melasse gemischt wurde.

KÜCHENGERÄTE

Für die Zubereitung von thailändischen Gerichten ist keine spezielle Küchenausrüstung nötig. Trotz der Vielfalt an Zutaten und Geschmacksrichtungen lassen sich die Köstlichkeiten der Thai-Küche einfach und schnell zubereiten. Aber es gibt einige Hilfsmittel, die seit Jahrhunderten bewährt sind und die Ihnen das Kochen einfacher machen. Wenn Sie z. B. erst einmal mit dem Wok vertraut sind, werden Sie sich die kulinarische Welt Thailands und ganz Südostasiens erschließen. Außerdem sind diese Geräte auch für die Zubereitung europäischer Speisen hilfreich.

Wok

Wie die Chinesen bereiten auch die Thailänder nahezu jede Mahlzeit im Wok zu. Er ist das vielseitigste Küchengerät, das je erfunden wurde: Mit dem Wok kann man braten, blanchieren, frittieren und dämpfen. Seine Form ermöglicht ein Energie sparendes, schnelles und gleichmäßiges Garen. Beim Pfannenrühren verhindern die hohen Seitenwände, dass Zutaten herausfallen; beim Frittieren braucht man wegen des gewölbten Bodens viel weniger Öl.

Es gibt zwei Arten von Woks: die traditionelle kantonesische Form mit kurzen abgerundeten Griffen auf jeder Seite, und den *pau* oder Peking-Wok, der einen 30–35 cm langen Griff besitzt. Der lange Stiel hält die Hände in sicherem Abstand zu heißem Öl oder Wasser.

Der Wok mit rundem Boden kann nur auf Gasherden benutzt werden. Es gibt aber auch Woks mit flacheren Böden speziell für Elektroherde. Obwohl diese Form nicht wie die traditionellen Woks die Hitze in der Mitte konzentrieren kann, ist sie normalen Bratpfannen wegen der höheren Seitenwände vorzuziehen.

Einen Wok auswählen

Ihr Wok sollte einen Durchmesser von etwa 30–35 cm und hohe Seitenwände haben. Es ist leichter und sicherer, eine kleine Portion in einem großen Wok zu kochen als eine große Menge in einem kleinen. Einige Woks sind zu niedrig oder zu flach und sind deshalb nicht besser als eine Bratpfanne. Ein schwerer Wok, etwa aus Karbonstahl, ist besser geeignet als ein leichteres Edelstahl- oder Aluminium-Modell. Solche Woks vertragen keine große Hitze und werden schnell schwarz. Außerdem brennt in ihnen das Essen leicht an. Es gibt auch gute antihaftbeschichtete Woks aus Karbonstahl, die die Hitze lange speichern, ohne dass das Essen ansetzt. Allerdings brauchen diese Woks eine besondere Pflege, um keine Kratzer zu bekommen. In den letzten Jahren wurde die Qualität der beschichteten Woks verbessert, sodass man sie nun guten Gewissens empfehlen kann. Sie sind besonders nützlich, wenn man säurehaltige Zutaten wie Zitronen verwendet.

Thailändische Woks sind normalerweise aus Messing und flacher geformt, funktionieren aber genauso gut wie chinesische Woks.

Den Wok vorbereiten

Alle Woks – außer antihaftbeschichteten – müssen vor dem ersten Gebrauch behandelt werden. Viele muss man abschrubben, damit das Maschinenöl entfernt wird, das der Hersteller als Transportschutz auf die Oberfläche aufgetragen hat. Dies ist das einzige Mal, dass Sie Ihren Wok scheuern müssen – es sei denn, er bekommt rostige Stellen.

Reinigen Sie den Wok mit Scheuermilch und Wasser, um so viel Öl wie möglich zu entfernen. Trocknen Sie ihn ab, geben Sie 2 EL Öl in den Wok und reiben Sie ihn innen mit Küchenkrepp aus, bis die Oberfläche leicht mit Öl überzogen ist. Erhitzen Sie den Wok langsam, etwa 10–15 Minuten, und wischen Sie ihn dann gründlich mit Küchenkrepp aus. Das Papier wird vom Maschinenöl schwarz. Wiederholen Sie die Prozedur des Einfettens, Erhitzens und Abwischens, bis der Küchenkrepp sauber bleibt. Ihr Wok wird mit dem Gebrauch dunkler, und das ist ein gutes Zeichen.

Den Wok reinigen

Ein vorbereiteter Wok sollte nicht mehr mit Seifenlauge behandelt werden. Waschen Sie ihn nur mit klarem Wasser ab und trocknen Sie ihn gründlich, indem Sie ihn bei schwacher Hitze 1–2 Minuten auf eine Herdplatte stellen. Falls der Wok mit der Zeit doch ein wenig rosten sollte, muss er mit Scheuermilch gereinigt und erneut vorbereitet werden. Bei normalem Gebrauch und richtiger Pflege wird Ihnen der vielseitige Wok zuverlässig gute Dienste bei der Zubereitung unzähliger Mahlzeiten leisten.

Wok mit Deckel, Pfannenheber, Ess-Stäbchen, Küchenbeil und Dämpfeinsatz

22 | ZUTATEN UND KÜCHENGERÄTE

Pfannenrühren im Wok

Das Wichtigste beim Pfannenrühren ist, dass Sie alle Zutaten vorbereitet und zur Hand haben – dies ist eine sehr schnelle Garmethode und Sie haben während des Kochens keine Zeit mehr zum Herrichten.

Erhitzen Sie den Wok, bis er sehr heiß ist, geben Sie Öl hinein und verteilen Sie es gleichmäßig mit einem Pfannenheber oder Kochlöffel. Das Öl sollte sehr heiß sein und fast rauchen, bevor Sie die Zutaten in den Wok geben. Bewegen Sie die Zutaten beim Braten mit dem Pfannenheber oder Kochlöffel beständig hin und her. Lassen Sie Fleisch auf jeder Seite einige Sekunden liegen, bevor Sie weiterrühren. Bewegen Sie die Zutaten immer von der Mitte des Woks zu den Seiten hin.

Ich bevorzuge einen Wok mit langem Griff, da das Öl wegen der hohen Gartemperaturen häufig nach allen Seiten spritzt.

Wok-Zubehör

Der Standring

Das ist ein Metallring oder -gestell, mit dem traditionell gerundete Woks gerade auf dem Herd stehen können. Er ist unentbehrlich zum Dämpfen, Frittieren und Schmoren. Standringe gibt es in zwei Ausführungen: als breiten Ring mit etwa sechs Luftlöchern und als rundes Gestell aus dünnem Draht. Für einen Gasherd nehmen Sie die zweite Variante; das kompaktere Modell verhindert eine ausreichende Belüftung; es kann zu einer Ansammlung von Gas kommen, die die Flamme erstickt.

Der Deckel

Die leichte, gewölbte Bedeckung, meist aus Aluminium, wird zum Dämpfen benutzt. Normalerweise ist der Deckel im Lieferumfang des Woks enthalten. Man kann ihn auch in Asienläden erwerben oder einfach einen genau passenden, gewölbten Pfannendeckel verwenden.

Der Pfannenheber

Ein Pfannenheber aus Metall, der fast wie eine kleine Schaufel geformt ist und einen langen Griff hat, eignet sich am besten zum Rühren und Wenden der Zutaten im Wok. Sie können auch einen Kochlöffel mit einem langen Griff nehmen. Thailändische Pfannenheber werden gewöhnlich aus Kokosschalen gefertigt.

Der Dämpfeinsatz

Zum Dämpfen brauchen Sie einen Holz- oder Metallständer oder einen Rost, damit die Zutaten nicht mit dem Wasser in Berührung kommen. Normalerweise gehört ein Dämpfeinsatz zum Lieferumfang des Woks; Sie bekommen ihn aber auch in Asienläden, Kaufhäusern und Haushaltwarengeschäften. Jeder andere Einsatz, der die Zutaten vom Wasser fern hält, ist ebenfalls geeignet.

Die Bambusbürste

Mit diesem Bündel aus festem, gespaltenem Bambus wird der Wok gereinigt, ohne dass der Fettfilm auf der Oberfläche zerstört wird. Eine weiche Spülbürste eignet sich aber ebenso.

Schneidbrett

Eine entscheidende Verbesserung gegenüber dem traditionellen Zubehör ist das moderne Schneidbrett aus Hartholz oder weißem Acryl. Das typische thailändische Schneidbrett aus weichem Holz wird schnell unansehnlich und bildet einen fruchtbaren Nährboden für Bakterien. Die modernen Bretter sind leicht zu reinigen, nicht anfällig für bakteriellen Befall und viel haltbarer.

In der Thai-Küche wird viel gehackt, zerkleinert und gewürfelt, weshalb ein großes, standfestes Schneidbrett sehr wichtig ist. Legen Sie nie Zutaten auf ein Brett, auf dem rohes Fleisch oder Geflügel zubereitet wurde. Verwenden Sie dafür immer ein Extrabrett und reinigen Sie es nach jedem Gebrauch gründlich.

Ess-Stäbchen

Thailänder verwenden gewöhnlich keine Ess-Stäbchen, auch wenn man sie in vielen Thai-Restaurants im Westen vorgelegt bekommt. In Thailand sind sie nur in China-Restaurants üblich, die Thais selbst essen mit Messer und Gabel. Sie können aber selbstverständlich Ess-Stäbchen benutzen. Für viele Menschen ist das Essen damit ungewohnt, aber ich ermuntere immer dazu, sie zu verwenden. Neue Techniken auszuprobieren ist interessant, und Ess-Stäbchen bieten tatsächlich einen neuen, sozusagen begreifbaren Zugang zu vielen asiatischen Küchen. Ess-Stäbchen werden auch zum Rühren, Schlagen und Mischen verwendet, aber natürlich erfüllen auch Löffel, Gabeln, Pfannenheber und Schneebesen diesen Zweck.

Im Uhrzeigersinn von oben: Reiskocher, Mörser und Stößel für Gewürze, Bambus-Dämpfkorb

Ess-Stäbchen sind preiswert und leicht erhältlich. Ich bevorzuge Holzstäbchen, aber in China werden aus wirtschaftlichen und hygienischen Gründen häufiger solche aus Plastik verwendet (und wieder verwendet).

Küchenbeil

Für thailändische und chinesische Köche macht das Küchenbeil alle anderen Messer überflüssig. Wenn Sie erst einmal damit umgehen können, werden Sie sehen, wie gut es sich zum Schneiden, Filetieren, Würfeln, Hacken, Zerkleinern und Zerstoßen aller Arten von Lebensmitteln eignet. Die meisten asiatischen Köche verwenden je nach Bedarf drei unterschiedliche Beile – ein leichtes, ein mittelschweres und ein schweres Beil. Sie können auch Ihre gewohnten Küchenmesser benutzen, aber wenn Sie sich entscheiden, ein Küchenbeil zu kaufen, nehmen Sie ein hochwertiges Modell aus rostfreiem Edelstahl und achten Sie darauf, dass es scharf bleibt.

Fritteuse

Eine Fritteuse ist sehr nützlich, und vielleicht finden Sie es sicherer und einfacher, mit diesem Gerät zu frittieren als mit einem Wok. Die Ölmengen in den Rezepten dieses Buches beziehen sich auf das Frittieren im Wok. Wenn Sie eine Fritteuse verwenden, brauchen Sie etwa die doppelte Menge Öl, aber die Fritteuse sollte nie mehr als bis zur Hälfte mit Öl gefüllt sein.

Reiskocher

Elektrische Reiskocher werden immer beliebter. Sie garen den Reis perfekt und halten ihn während der Mahlzeit warm. Außerdem benötigt man eine Kochstelle weniger und hat so mehr Platz auf dem Herd. Allerdings sind Reiskocher relativ teuer; wenn Sie nicht häufig Reis essen, lohnt sich die Anschaffung kaum.

Dämpfkorb

Dämpfen ist im Westen keine sehr verbreitete Garmethode – leider, denn für empfindliche Lebensmittel wie Fisch und Gemüse ist es die beste Zubereitungsart. In Thailand werden seit vielen Jahrhunderten Dämpfkörbe aus Bambus in vielen Größen verwendet; ein Korb von etwa 25 cm Durchmesser ist für den Hausgebrauch am besten geeignet. Der Korb wird mit den Zutaten über kochendem Wasser in den Wok gestellt. Damit die Zutaten nicht am Korb festkleben, kann man ein sauberes, feuchtes Baumwolltuch darunter legen. Der fest sitzende Deckel verhindert, dass der Dampf entweicht. Sie können auch mehrere Dämpfkörbe gleichzeitig verwenden, indem Sie sie übereinander stapeln.

Vor dem ersten Gebrauch waschen Sie den Bambuskorb aus und dämpfen mit dem leeren Korb etwa 5 Minuten. Sie können natürlich auch einen Dämpfeinsatz aus Metall benutzen.

Verschiedenes

Edelstahlschüsseln in verschiedenen Größen, Siebe und Durchschläge runden die Liste der wichtigsten Küchenutensilien ab. Sie sind sehr nützlich, weil Sie oft Flüssigkeiten abgießen und durchseihen oder Zutaten vermischen werden. Es ist besser, ein Hilfsmittel zu viel zu haben als eines zu wenig.

Hinweise zu den Rezepten

Die Rezepte sind für 4 Personen berechnet.
Ausnahmen sind im Rezeptkopf angegeben.

Abkürzungen

EL	=	Esslöffel (gestrichen)
TL	=	Teelöffel (gestrichen)
Msp.	=	Messerspitze
Bd.	=	Bund
P.	=	Päckchen
TK-...	=	Tiefkühl-...
l	=	Liter
ml	=	Milliliter
cl	=	Zentiliter
kcal	=	Kilokalorien
ca.	=	circa
Min.	=	Minute(n)
Std.	=	Stunde(n)
ø	=	Durchmesser
°C	=	Grad Celsius
getr.	=	getrocknet
ger.	=	gerebelt
cm	=	Zentimeter

Umrechnungstabelle

1 l = 1000 ml = 10 dl
1 Tasse = 150 ml
1 Wasserglas = 200 ml
1 Esslöffel = 15 ml
1 Teelöffel = 5 ml
1 dag = 10 g (für Österreich)
1 EL Butter oder Margarine = ca. 10 g
1 TL Butter oder Margarine = ca. 5 g
1 EL Öl = ca. 10 g
1 TL Öl = ca. 5 g
1 EL Flüssigkeit (z. B. Brühe, Milch) = ca. 10 ml
1 EL Speisestärke = ca. 8 g
1 TL Speisestärke = ca. 3 g
1 EL Mehl = ca. 10 g
1 TL Mehl = ca. 5 g
1 Tasse Mehl = ca. 90 g
1 EL Zucker = ca. 15 g
1 TL Zucker = ca. 8 g
1 Tasse Zucker = ca. 120 g

Gasofentemperaturen

150–175 °C	=	Gasstufen 1–2
175 °C	=	Gasstufe 2
175–200 °C	=	Gasstufen 2–3
200 °C	=	Gasstufe 3
200–225 °C	=	Gasstufen 3–4
225 °C	=	Gasstufe 4
225–250 °C	=	Gasstufen 4–5
250°C	=	Gasstufe 5

Zubereitungszeit

Alle Zeitangaben beruhen auf durchschnittlichen Erfahrungswerten. Aufgrund Ihres persönlichen Arbeitstempos und der Beschaffenheit von Zutaten, Kochgeschirr, Herd sowie Backofen kann die tatsächlich benötigte Zeit von diesen Angaben etwas abweichen.

SUPPEN, SNACKS und VORSPEISEN

Würzige Garnelen-Zitronengras-Suppe

Diese köstliche Suppe ist im Westen sehr beliebt. Sie vereinigt würzige und saure Geschmacksnoten in einer verlockenden Mischung aus Kräutern und Gewürzen. Die Suppe ist leicht zuzubereiten und ein wunderbarer Beginn einer Mahlzeit.

Für 4 Personen
Zubereitungszeit: ca. 15 Min.
Ruhezeit: ca. 10 Min.
Garzeit: ca. 15 Min.

- 2 Stängel frisches Zitronengras
- 1,2 l hausgemachte Fisch- oder Hühnerbrühe oder Instantbrühe guter Qualität
- 8 Kaffir-Limettenblätter, halbiert, oder 1 EL Limettenzesten, zerkleinert
- 3 frische rote Thai-Chilis, entkernt und fein geschnitten
- ¼ TL schwarzer Pfeffer aus der Mühle
- 3 EL Fischsauce
- 3 EL Limettensaft
- 225 g rohe Garnelen, geschält und ohne Darm (siehe S. 11)
- 2 Frühlingszwiebeln (weiße und grüne Teile), fein zerkleinert
- 5 frische Korianderzweige

1 Das Zitronengras bis zum weichen, weißlichen Inneren abschälen. In etwa 7 ½ cm große Stücke schneiden und dann mit der flachen Klinge eines schweren Messers zerdrücken.

2 Die Brühe in einem großen Topf zum Köcheln bringen und das Zitronengras hinzufügen. Die Hitze reduzieren und die Brühe zugedeckt etwa 10 Minuten köcheln lassen. Das Zitronengras mit dem Schaumlöffel entfernen.

3 Limettenblätter oder -zesten, Chilis, Pfeffer, Fischsauce und Limettensaft zugeben und 3 Minuten köcheln lassen. Die Garnelen hinzufügen, den Topf zudecken und vom Herd nehmen. Die Suppe etwa 10 Minuten ruhen lassen.

SUPPEN, SNACKS UND VORSPEISEN

4 Danach Frühlingszwiebeln und Korianderzweige in die Suppe rühren. In eine große Suppenterrine oder in Suppentassen füllen und sofort servieren.

WÜRZIGE GARNELEN-ZITRONENGRAS-SUPPE | 29

Pikante Reissuppe

Dies ist die thailändische Variante einer in ganz Asien verbreiteten Reissuppe. Bei den Chinesen ist sie dick und cremig, während die Thais sie eher als dünne Brühe zubereiten. In jeder Variante ist die Suppe eine wohltuende, pikante und nahrhafte Mahlzeit. Servieren Sie sie in der hier vorgestellten einfachen Form oder geben Sie nach Belieben gegartes Fleisch, Geflügel oder Meeresfrüchte dazu.

Für 2–4 Personen
Zubereitungszeit: ca. 15 Min.
Garzeit: ca. 10 Min.

Für die Suppe:
100 g gekochter Langkornreis
1,2 l hausgemachte Hühnerbrühe oder Instantbrühe guter Qualität
3 EL Fischsauce
etwas schwarzer Pfeffer aus der Mühle
1 ½ EL Öl
3 EL Knoblauch, fein gehackt

Zum Garnieren:
2 Frühlingszwiebeln, fein zerkleinert
1 EL frischer Ingwer, fein zerkleinert
1–2 kleine, frische rote oder grüne Chilis, entkernt und fein geschnitten
etwa 1 EL frische Korianderblätter

1 Den gekochten Reis und die Brühe in einem Topf zum Köcheln bringen. Fischsauce und Pfeffer zufügen und alles etwa 5 Minuten köcheln lassen.

2 Einen Wok oder eine große Pfanne bei mäßiger Temperatur heiß werden lassen. Das Öl hineingeben, und wenn es heiß ist, den Knoblauch hineinrühren. Die Hitze reduzieren und den Knoblauch behutsam unter Rühren in etwa 20 Sekunden leicht bräunen. Herausnehmen und auf Küchenkrepp abtropfen lassen.

3 Die Brühe mit dem Reis in den Wok geben und etwa 2 Minuten köcheln lassen. In eine Suppenterrine gießen und mit dem gebratenen Knoblauch, Frühlingszwiebeln, Ingwer, Chilis und Korianderblättchen garnieren. Sofort servieren.

PIKANTE REISSUPPE | 31

Hähnchen-Nudel-Suppe aus Nordthailand

Diese unverkennbar thailändische Suppe ist überaus köstlich und ein perfektes Gericht für eine große hungrige Meute.

Für 4–6 Personen
Zubereitungszeit: ca. 10 Min.
Garzeit: ca. 25 Min.

- 175 g frische oder getrocknete Eiernudeln
- 2 frische Stängel Zitronengras
- 175 g Hähnchenbrüste ohne Haut und Knochen
- 1 EL Öl
- 1 kleine Zwiebel, fein gehackt
- 2 EL Knoblauch, grob gehackt
- 1,2 l hausgemachte Hühnerbrühe oder Instantbrühe guter Qualität
- 400 ml Kokosmilch (1 Dose)
- 2 kleine, frische rote oder grüne Chilis, entkernt und fein geschnitten
- 1 EL Fischsauce
- 1 EL dunkle Sojasauce
- 1 EL Zucker
- 2 EL Madras-Currypaste oder -pulver
- 1 TL Salz
- ½ TL schwarzer Pfeffer aus der Mühle
- 2 EL Limettensaft
- etwa 1 EL frische Koriander- und Basilikumblätter

1 Die Nudeln in einem großen Topf mit kochendem Wasser in etwa 3–5 Minuten weich garen. Gut abtropfen lassen und beiseite stellen.

2 Zitronengras bis zum weichen, weißlichen Inneren abschälen. In 7 ½ cm große Stücke schneiden und mit der flachen Klinge eines schweren Messers zerdrücken. Die Hähnchenbrüste in Streifen schneiden.

3 Eine große schwere Pfanne stark erhitzen und Öl hineingeben. Wenn es sehr heiß ist und leicht raucht, Zwiebel, Knoblauch und Zitronengras zugeben und unter Rühren 3 Minuten braten. Brühe und Kokosmilch einrühren und zugedeckt bei schwacher Hitze 10 Minuten köcheln lassen.

32 | SUPPEN, SNACKS UND VORSPEISEN

4 Chilis, Hähnchen, Fischsauce, Sojasauce, Zucker, Currypaste oder -pulver, Salz und Pfeffer zugeben und alles gut verrühren. Die Nudeln hinzufügen und die Suppe zugedeckt 5 Minuten köcheln lassen.

5 Das Zitronengras mit dem Schaumlöffel herausnehmen. Den Limettensaft hineinrühren. Die Suppe in eine große Terrine füllen, mit Koriander und Basilikum garnieren und sofort servieren.

HÄHNCHEN-NUDEL-SUPPE AUS NORDTHAILAND | 33

Hühner-Kokos-Suppe

Auch dieses Rezept ist unverkennbar thailändisch, denn Kokosnuss ist ein Kennzeichen der echten Thai-Küche. Diese Suppe ist fast so sämig wie Sahne, und das liegt an der Kokosmilch: Ihre Konsistenz und ihr Aroma geben der Suppe so viel Substanz, dass sie fast zu einer Hauptmahlzeit wird.

Die Hähnchenschenkel werden im Westen häufig durch Hähnchenbrüste ersetzt, aber ich finde, dass die Schenkel mit ihrem kräftigeren Aroma und ihrem festeren Fleisch die Suppe schmackhafter und reichhaltiger machen – und so entspricht es ja auch der thailändischen Tradition.

Für 4 Personen
Zubereitungszeit: ca. 10 Min.
Garzeit: ca. 1 ¼ Std.

- 2 Stängel frisches Zitronengras
- 1 ½ l hausgemachte Hühnerbrühe oder Instantbrühe guter Qualität
- 2 EL frische Galgantwurzel oder frischer Ingwer, grob gehackt
- 6 Kaffir-Limettenblätter oder 2 EL Limettenzesten, grob gehackt
- 6 EL Schalotten, fein geschnitten
- 225 g Hähnchenschenkel ohne Haut und Knochen
- 3 EL Fischsauce
- 4 EL Limettensaft
- 2 frische rote oder grüne Chilis, entkernt und fein geschnitten
- 1 EL Zucker
- 400 ml Kokosmilch (1 Dose)
- etwa 1 EL frische thailändische oder andere Basilikumblätter, zum Garnieren

1 Das Zitronengras bis zum weichen, weißlichen Inneren abschälen. In etwa 7 ½ cm große Stücke schneiden und mit der flachen Klinge eines schweren Messers zerdrücken.

2 Die Brühe mit Zitronengras, Galgant oder Ingwer, Limettenblättern oder -zesten und der Hälfte der Schalotten in einem großen Topf zum Kochen bringen, dann die Hitze reduzieren und zugedeckt 1 Stunde leise siedend garen. Die Brühe durch ein Sieb gießen, Zitronengras, Galgant bzw. Ingwer, Limettenblätter bzw. -zesten und Schalotten wegwerfen und die Brühe wieder in den Topf gießen.

SUPPEN, SNACKS UND VORSPEISEN

3 Das Hähnchenfleisch in etwa 2 ½ cm große Stücke schneiden. Mit Fischsauce, Limettensaft, Chilis, Zucker, Kokosmilch und den restlichen Schalotten zur Brühe geben.

4 Die Mischung aufkochen, die Hitze reduzieren und die Suppe etwa 8 Minuten köcheln lassen. In eine große Terrine gießen, mit den Basilikumblättern garnieren und sofort servieren.

Thai-Frühlingsrollen

Der Einfluss der chinesischen Küche wird bei diesem Rezept zwar deutlich, doch erkennt man den thailändischen Charakter bei jedem Bissen – thailändische Frühlingsrollen sind schärfer als chinesische. Sie sind eine köstliche Vorspeise für jede Mahlzeit.

Ergibt etwa 30 Stück
Zubereitungszeit: ca. 30 Min.
Garzeit: ca. 25 Min.

Für den würzigen Dip:
2–3 kleine, frische rote Chilis, fein gehackt (entkernt für milderen Geschmack)
1 EL Zucker
3 EL Fischsauce
3 EL Limettensaft

Für die Füllung:
1 ½ EL Öl
3 EL Knoblauch, grob gehackt
175 g frisches Krabbenfleisch
100 g Schweinehackfleisch

100 g rohe Garnelen, geschält und fein gehackt
2 EL Fischsauce
1 EL helle Sojasauce
1 TL Zucker
½ TL schwarzer Pfeffer aus der Mühle
3 EL frischer Koriander, fein gehackt

Für die Frühlingsrollen:
5 EL Mehl
1 Päckchen kleine runde Reispapierblätter
450 ml Öl, zum Frittieren

1 Die Zutaten für den Dip in einer kleinen Schüssel mit 2 TL Wasser vermischen und bis zum Servieren beiseite stellen.

2 Für die Füllung einen Wok oder eine große Pfanne stark erhitzen und das Öl hineingeben. Wenn es sehr heiß ist und leicht raucht, den Knoblauch zufügen und 30 Sekunden unter Rühren braten.

SUPPEN, SNACKS UND VORSPEISEN

THAI-FRÜHLINGSROLLEN | 37

3 Krabben-, Schweine- und Garnelenfleisch, Fischsauce, Sojasauce, Zucker und Pfeffer zugeben und 2 Minuten unter Rühren braten. Vom Herd nehmen und den frischen Koriander unterrühren. Die Mischung vollständig abkühlen lassen.

4 Das Mehl in einer kleinen Schüssel mit 6 EL Wasser zu einer Paste vermischen und beiseite stellen.

5 Eine große Schüssel mit warmem Wasser füllen. Ein Reispapierblatt darin weich werden lassen, herausnehmen und auf einem Geschirrtuch abtropfen lassen.

38 | SUPPEN, SNACKS UND VORSPEISEN

6 Etwa 1 EL Füllung auf das Reispapierblatt geben. Die Seiten nach innen einschlagen, das Reispapier fest aufrollen und das offene Ende mit etwas Mehlpaste verschließen. Die Rolle sollte etwa 7 ½ cm lang sein. Den Vorgang mit dem restlichen Reispapier wiederholen, bis die Füllung aufgebraucht ist. Das Wasser erneuern, wenn es abgekühlt ist.

7 Das Öl in der Fritteuse oder einem großen Wok erhitzen. Die Frühlingsrollen darin in kleinen Portionen in jeweils etwa 3 Minuten goldbraun und knusprig frittieren. Nicht zu viele Rollen auf einmal frittieren, sie kleben sonst zusammen. Falls das passiert, die Rollen nach dem Frittieren auseinander brechen. Die fertigen Rollen auf Küchenkrepp abtropfen lassen und sofort mit dem Dip servieren.

Würziger Papayasalat

Im heißen und feuchten Thailand werden häufig Salate zu den Mahlzeiten gereicht. Ihre würzige Frische macht sie zu perfekten Begleitern auch reichhaltigerer Gerichte, und sie können gut im Voraus zubereitet werden. Die grüne Papaya schmeckt leicht sauer und ist knackig wie ein frischer Apfel, was den Salat zusammen mit den würzigen Aromen sehr anregend macht. Servieren Sie ihn als Vorspeise oder Beilage.

> Für 4 Personen
> Zubereitungszeit: ca. 15 Min.

- 1 grüne unreife Papaya
- 2 kleine, frische rote Chilis, entkernt und gehackt
- 2 Knoblauchzehen, durchgepresst
- 2 EL Schalotten, gehackt
- ½ TL Salz
- 2 EL Limettensaft
- 1 EL Fischsauce
- 1 EL Zucker
- 3–4 EL geröstete Erdnüsse, zerstoßen, zum Garnieren
- 2 kleine, frische rote Chilis, entkernt und klein geschnitten, zum Garnieren (nach Belieben)

1 Die Papaya schälen und längs halbieren. Entkernen und das Fruchtfleisch fein schneiden.

2 Chilis, Knoblauch, Schalotten und Salz in einem Mörser zerstoßen. Ein Viertel der Papaya hinzufügen und zerdrücken, bis das Fruchtfleisch etwas weicher ist. Die Zutaten können auch einfach verrührt oder mit einem Holzlöffel in einer Schüssel zerdrückt werden. Das restliche Papayafleisch nach und nach zugeben.

3 Alles in eine Schüssel geben und Limettensaft, Fischsauce und Zucker hinzufügen. Das Ganze sorgfältig vermischen und auf einer Platte oder in einer Servierschüssel anrichten. Mit den zerstoßenen Erdnüssen und den Chilis (sofern verwendet) garnieren.

Knusprige Wan-Tans mit süßer Chilisauce

Freunde der chinesischen Küche kennen die pikanten Wan-Tans, aber auch die Thai-Version ist sehr beliebt. Die leckeren Häppchen können im Voraus zubereitet und tiefgefroren werden, bevor man sie frittiert. Servieren Sie die Wan-Tans als Vorspeise oder als Snack zusammen mit einem Getränk.

Im Handel sind zwar viele fertige Chilisaucen erhältlich, sie sind aber mit dieser selbst gemachten Sauce nicht vergleichbar. Sie hält sich bis zu einer Woche im Kühlschrank.

Für 6 Personen
Zubereitungszeit: ca. 45 Min.
Ruhezeit: ca. 20 Min.
Garzeit: ca. 30 Min.

Für die süße Chilisauce:
- 175 g große, frische rote Chilis, fein gehackt (entkernt für milderen Geschmack)
- 3 EL Knoblauch, grob gehackt
- 1 EL Zucker
- 1 EL weißer Reisessig oder Malzessig
- 1 EL Fischsauce
- 1 EL Öl
- etwas Salz

Für die gefüllten Wan-Tans:
- 225 g Wan-Tan-Teigblätter (TK-Blätter aufgetaut)
- 600 ml Öl zum Frittieren
- 100 g rohe Garnelen, geschält und ohne Darm (siehe S. 11), grob gehackt
- 350 g Schweinehackfleisch
- 2 TL Salz
- 1 TL schwarzer Pfeffer aus der Mühle
- 2 EL Knoblauch, fein gehackt
- 3 EL Frühlingszwiebeln, fein gehackt
- 2 EL Fischsauce
- 1 TL Zucker
- 3 EL frischer Koriander, fein gehackt
- 1 Ei, leicht verquirlt

1 Alle Zutaten für die Chilisauce mit 150 ml Wasser in einem Wok oder einem Topf aufkochen. Die Mischung bei sehr schwacher Hitze zugedeckt 15 Minuten leise siedend garen. Abkühlen lassen.

SUPPEN, SNACKS UND VORSPEISEN

KNUSPRIGE WAN-TANS MIT SÜSSER CHILISAUCE | 43

2 Die Mischung im Mixer oder in der Küchenmaschine glatt pürieren, dann im Wok etwa 3 Minuten erhitzen, um den Geschmack zu verstärken; falls notwendig noch etwas salzen. Die Sauce abkühlen lassen. Dann kann sie serviert oder im Kühlschrank aufbewahrt werden.

3 Für die Füllung Garnelen und Schweinefleisch in eine große Schüssel geben, Salz und Pfeffer zugeben und mit den Händen oder einem Holzlöffel gut vermischen.

4 Die restlichen Zutaten für die Füllung gründlich mit der Fleischmischung vermengen. Mit Frischhaltefolie zugedeckt mindestens 20 Minuten kalt stellen.

6 Einen Wok oder eine große Pfanne stark erhitzen und das Öl hineingeben. Wenn es heiß ist, die Wan-Tans darin portionsweise etwa 3 Minuten frittieren, bis sie goldbraun und knusprig sind. (Wenn das Öl zu heiß wird, die Hitze reduzieren.) Die Wan-Tans auf Küchenkrepp gut abtropfen lassen und sofort mit der süßen Chilisauce servieren.

5 Zum Füllen etwa 1 EL der Masse in die Mitte jedes Wan-Tan-Teigblatts setzen. Die Ränder mit etwas Wasser anfeuchten, um die Füllung herum hochziehen und oben fest zusammendrücken, sodass die Wan-Tans aussehen wie kleine gefüllte Beutel.

KNUSPRIGE WAN-TANS MIT SÜSSER CHILISAUCE | 45

Frittierte Garnelen

Dieses typisch thailändische Gericht hat einen einzigartigen Geschmack, dessen Geheimnis in der Marinade für die Garnelen liegt. Wenn die Garnelen erst einmal vorbereitet sind, sind sie schnell frittiert.

> Für 4 Personen
> Zubereitungszeit: ca. 30 Min.
> Marinierzeit: ca. 2 Std.
> Garzeit: ca. 15 Min.

Für die Marinade:

- 3 getrocknete rote Chilis, gehackt
- 2 EL Schalotten, gehackt
- 3 EL Knoblauch, grob gehackt
- 2 EL frische Galgantwurzel oder frischer Ingwer, fein gehackt
- 3 EL Korianderwurzel oder -stängel, gehackt
- 1 EL Fischsauce
- 1 EL Limettensaft
- 50 ml Kokosmilch

Für die Garnelen:

- 450 g rohe Garnelen, geschält und ohne Darm (siehe S. 11)
- etwas Mehl, zum Bestäuben
- 600 ml Öl, zum Frittieren

1 Die Marinadezutaten mit 2 TL Wasser kurz im Mixer oder der Küchenmaschine pürieren, über die Garnelen geben, gut vermischen und mindestens 2 Stunden kalt stellen.

2 Die Garnelen in ein Sieb geben, von Marinaderesten befreien und die Marinade wegwerfen. Die Garnelen mit Mehl bestäuben und überschüssiges Mehl abschütteln.

3 Einen Wok oder eine große Pfanne stark erhitzen und das Öl hineingeben. Wenn es sehr heiß ist und leicht raucht, die Garnelen darin portionsweise etwa 3 Minuten goldbraun frittieren. Wenn das Öl zu heiß wird, die Hitze reduzieren. Die Garnelen auf Küchenkrepp gut abtropfen lassen und sofort servieren.

FRITTIERTE GARNELEN

Knusprige Maisküchlein

Diese knusprig frittierten Happen, eine würzige Mischung aus Mais und Schweinefleisch, sind eine sehr verlockende Vorspeise. Um Zeit zu sparen, etwa wenn Sie Gäste eingeladen haben, können die Maisküchlein im Voraus angebraten und kurz vor dem Servieren nochmals in heißes Öl getaucht werden. Reichen Sie süße Chilisauce dazu (siehe S. 42).

Für 4–6 Personen
Zubereitungszeit: ca. 15 Min.
Garzeit: ca. 15 Min.

450 g Maiskolben oder 275 g Mais aus der Dose
175 g Schweinehackfleisch
2 EL frischer Koriander, fein gehackt
2 EL Knoblauch, fein gehackt
2 EL Fischsauce
½ TL weißer Pfeffer aus der Mühle
1 TL Zucker
1 EL Stärkemehl
2 frische Eier, verquirlt
600 ml Öl, zum Frittieren
etwa 1 EL frische Korianderzweige, zum Garnieren
1 kleine Salatgurke, geschält und in dünne Scheiben geschnitten, zum Garnieren

1 Die Maiskolben von Blättern und Narbenfäden befreien und die Körner mit einem scharfen Messer oder einem Küchenbeil vom Kolben schneiden. Man sollte etwa 275 g Körner erhalten. Mais aus der Dose gut abtropfen lassen.

2 Die Hälfte der Maiskörner mit den restlichen Zutaten außer dem Öl im Mixer pürieren. Die Mischung in eine Schüssel geben und die restlichen Maiskörner unterrühren.

3 Einen Wok oder eine große Pfanne stark erhitzen und das Öl hineingeben. Wenn es sehr heiß ist und leicht raucht, die Maismischung mit einem kleinen Schöpflöffel portionsweise zufügen, bis der Wok voll ist. Die Hitze stark reduzieren und die Küchlein etwa 1–2 Minuten braten, bis ihre Unterseite braun ist. Dann wenden und von der anderen Seite braten.

4 Die Küchlein mit dem Schaumlöffel aus dem Wok nehmen und auf Küchenkrepp abtropfen lassen. Warm stellen und die restlichen Küchlein ebenso braten. Auf einer vorgewärmten Platte anrichten, mit Koriander und Gurkenscheiben garnieren und sofort servieren.

Würziger Pomelosalat

Die Pomelo ähnelt der Grapefruit, ist aber größer, kernlos und dickschaliger. Sie wird in Thailand gern für Salate wie diesen genommen – die Säure der Frucht und die Schärfe der Chilis verbinden sich hier zu einer würzigen, erfrischenden Mischung. Für einen vegetarischen Salat lassen Sie die getrockneten Shrimps weg und nehmen Sojasauce statt Fischsauce. Pomelos erhalten Sie in vielen Asienläden und in manchen Supermärkten, aber Sie können auch zwei Grapefruits verwenden – weißfleischige Früchte, wenn es etwas saurer sein soll, rotfleischige für mehr Süße.

> Für 4 Personen
> Zubereitungszeit: ca. 20 Min.
> Garzeit: ca. 1 Min.

- 1 große Pomelo
- 2 EL Öl
- 3 EL Schalotten, fein geschnitten
- 3 EL Knoblauch, fein geschnitten
- 2 kleine, frische rote Chilis, entkernt und gehackt
- 3 EL geröstete Erdnüsse, gehackt
- 3 EL Frühlingszwiebeln, fein zerkleinert
- 2 EL getrocknete Shrimps, gehackt
- 2 EL Limettensaft
- 1 EL Fischsauce
- 1 EL Zucker
- etwa 1 EL frische Korianderblätter, zum Garnieren

1 Die Pomelo schälen und in Segmente teilen, dabei alle Häutchen entfernen. Die Segmente vorsichtig in Stückchen schneiden und in eine Schüssel geben.

2 Einen Wok oder eine große Pfanne erhitzen und das Öl hineingeben. Wenn es heiß ist, Schalotten und Knoblauch hinzufügen und unter Rühren goldbraun braten. Herausnehmen und auf Küchenkrepp abtropfen lassen.

3 Schalotten und Knoblauch zur Pomelo geben, dann Chilis, Erdnüsse, Frühlingszwiebeln und Shrimps hinzufügen und vorsichtig unterheben.

4 Limettensaft, Fischsauce und Zucker verrühren, über den Salat gießen und behutsam vermischen. Auf einer Platte anrichten, mit Korianderblättern garnieren und servieren.

WÜRZIGER POMELOSALAT | 51

FISCH und MEERESFRÜCHTE

Frittierte Fischfrikadellen

Diese Fischfrikadellen sind die reinste Versuchung. Die Thais genießen sie zu Hause, in Restaurants und an Straßenständen im ganzen Land. Es gibt sie in allen Formen und Größen, z. B. als Bällchen, die in Suppe gedünstet werden. Hier werden die von den exotischen Aromen der Thai-Küche durchdrungenen Frikadellen behutsam knusprig gebraten. Frisch und heiß direkt aus dem Wok serviert sind sie eine vorzügliche Vorspeise. Reichen Sie grünen Salat dazu oder servieren Sie die Frikadellen wie die Thais als Teil eines Menüs.

> Für 4 Personen
> Zubereitungszeit: ca. 30 Min.
> Garzeit: ca. 15 Min.

Für den Gurkensalat:

450 g Salatgurken

3 EL Fischsauce oder helle Sojasauce

3 EL Limettensaft

2 EL Zucker

1 große, frische rote Chilischote, entkernt und fein geschnitten

3 EL Schalotten, fein geschnitten

Für die Fischfrikadellen:

450 g weißes Fischfilet ohne Haut, wie Kabeljau, Seebarsch oder Heilbutt

2 Eier, verquirlt

½ TL weißer Pfeffer aus der Mühle

1 EL rote Currypaste

3 Kaffir-Limettenblätter, zerkleinert, oder 2 EL Limettenzesten, fein gehackt

2 EL Fischsauce

1 EL Stärkemehl

2 TL Zucker

2 EL frischer Koriander, gehackt

50 g grüne Bohnen, gehackt

450 ml Erdnussöl, zum Frittieren

1 Für den Salat die Gurken schälen und längs halbieren, dann mit einem Teelöffel die Kerne herausschaben. Die Gurkenhälften in dünne Scheiben schneiden

FRITTIERTE FISCHFRIKADELLEN | 55

2 Fisch- oder Sojasauce, Limettensaft, 3 EL Wasser und Zucker in einer großen Schüssel verrühren, bis sich der Zucker aufgelöst hat.

3 Gurken, Chili und Schalotten hinzufügen und alles gut vermischen. Vor dem Servieren mindestens 20 Minuten ziehen lassen.

4 Die Fischfilets in etwa 2 ½ cm große Würfel schneiden. Fisch, Eier, Pfeffer und Currypaste mit der Küchenmaschine zu einer glatten Masse pürieren. Wird ein Mixer verwendet, diesen abwechselnd an- und ausschalten, bis alles gut vermengt ist; andernfalls wird die Masse zäh wie Gummi.

5 Die Fischmischung in eine große Schüssel geben und Limettenblätter oder -zesten, Fischsauce, Stärkemehl, Zucker, Koriander und grüne Bohnen unterheben.

6 Auf einer bemehlten Arbeitsfläche aus der Fischmasse mit einem Palettenmesser runde, flache Frikadellen von etwa 6 cm Ø formen.

7 Einen Wok oder eine große Pfanne stark erhitzen und das Öl hineingeben. Wenn es sehr heiß ist und leicht raucht, die Frikadellen darin portionsweise etwa 3 Minuten frittieren, bis sie goldbraun sind. Wird das Öl zu heiß, die Hitze etwas reduzieren. Die Frikadellen auf Küchenkrepp gut abtropfen lassen und warm stellen, bis alle Portionen frittiert sind. Sofort mit dem Gurkensalat servieren.

Fisch mit Chilisauce

In den Seen und Flüssen Thailands tummeln sich Süßwasserfische aller Art. Sie werden normalerweise wie in diesem Rezept mit scharfen Saucen zubereitet, die das frische Fischaroma aber nie überdecken.

> Für 4 Personen
> Zubereitungszeit: ca. 25 Min.
> Garzeit: ca. 20 Min.

5 getrocknete rote Chilis
2 EL Öl zum Braten und 450 ml Öl zum Frittieren
100 g Knoblauch, fein gehackt
100 g Schalotten, fein gehackt
1 EL Shrimpspaste
2 EL Fischsauce oder helle Sojasauce
2 TL Zucker
4 kleine Forellen, gesäubert
etwas Mehl, zum Bestäuben
einige frische Korianderzweige, zum Garnieren

1 Die getrockneten Chilis etwa 5 Minuten in warmem Wasser einweichen. Gut abtropfen lassen und fein hacken.

2 Einen Wok oder eine große Pfanne stark erhitzen und 2 EL Öl hineingeben. Wenn es sehr heiß ist und leicht raucht, Chilis, Knoblauch, Schalotten und Shrimpspaste hineinrühren und 2 Minuten unter Rühren braten. Dann Fisch- oder Sojasauce, Zucker und 4 EL Wasser hinzufügen. Die Mischung in eine Schüssel gießen.

3 Den Wok sauber wischen, das Öl zum Frittieren hineingeben und erhitzen. Die Forellen innen und außen mit Küchenkrepp trockentupfen. Die Außenseiten sorgfältig mit Mehl bestäuben und überschüssiges Mehl abschütteln.

4 Wenn das Öl sehr heiß ist und leicht raucht, die Hitze auf mittlere Stufe reduzieren und den Fisch in 2 Portionen von jeder Seite etwa 4 Minuten braun und knusprig frittieren. Den Fisch herausnehmen und auf Küchenkrepp abtropfen lassen. Auf einer Platte anrichten, mit Korianderzweigen garnieren und mit Chilisauce servieren.

Fisch mit Mangosalat

In diesem klassischen Rezept verbinden sich unterschiedliche Aromen und Strukturen auf wunderbare Weise. Frischer Fisch wird knusprig gebraten und mit einem knackigen grünen Mangosalat serviert. Einfach köstlich!

> Für 4 Personen
> Zubereitungszeit: ca. 20 Min.
> Garzeit: ca. 5–12 Min.

- 1 grüne unreife Mango
- 2–3 kleine, frische rote Chilis, entkernt und zerkleinert
- 2 EL Schalotten, fein geschnitten
- 1 EL Fischsauce
- 2 EL Limettensaft
- 1 EL Zucker
- 900 g ganzer fester weißer Fisch (z. B. Seebarsch), gesäubert, oder 450 g weißes Fischfilet ohne Haut, in 4 Stücke geschnitten
- etwas Mehl, zum Bestäuben
- 450 ml Öl, zum Frittieren
- 3–4 EL geröstete Erdnüsse, zerstoßen

1 Die Mango schälen, das Fruchtfleisch sorgfältig vom Kern schneiden und fein zerkleinern.

2 Die zerkleinerte Mango mit Chilis, Schalotten, Fischsauce, Limettensaft und Zucker vermischen und beiseite stellen.

3 Ganzen Fisch auf jeder Seite dreimal tief einschneiden. Fisch oder Filets mit Küchenkrepp trockentupfen, mit Mehl bestäuben und überschüssiges Mehl abschütteln.

4 Einen Wok oder eine große Pfanne stark erhitzen und das Öl hineingeben. Wenn es sehr heiß ist, den Fisch darin von jeder Seite goldbraun frittieren; beim ganzen Fisch dauert das etwa 10–12 Minuten, bei den Fischfilets etwa 5 Minuten. Den Fisch herausnehmen und sofort auf Küchenkrepp abtropfen lassen. Mit den Erdnüssen garnieren und mit dem Mangosalat servieren.

Fisch in Kokosmilch

Bei diesem traditionellen Gericht wird ein ganzer Fisch gedämpft, damit er saftig, aromatisch und zart bleibt, und mit einer gleichfalls aromatischen Kokosmilchsauce gepaart. Gedämpfter Reis (siehe S. 12) ist eine ideale Beilage dazu.

Statt eines ganzen Fisches können Sie auch 450 g festes weißes Fischfilet verwenden; dann reduziert sich die Garzeit auf etwa 5 Minuten für flacheres Fischfilet wie Scholle und auf 8–12 Minuten für dickeres Filet wie Kabeljau.

Für 4 Personen
Zubereitungszeit: ca. 15 Min.
Garzeit: ca. 1 ¼ Std.

2 Stängel frisches Zitronengras
2 EL frische Galgantwurzel oder frischer Ingwer, grob gehackt
6 Kaffir-Limettenblätter oder 2 EL Limettenzesten, grob gehackt
6 frische Korianderwurzeln (nach Belieben)
400 ml Kokosmilch (1 Dose)
900 g ganzer fester weißer Fisch (z. B. Seebarsch, Kabeljau oder Heilbutt, gesäubert)
3 EL Schalotten, fein geschnitten
3 EL Fischsauce
2 EL Limettensaft
1 EL Zucker
etwa 1 EL frische Korianderblätter, zum Garnieren

1 Das Zitronengras bis zum weichen, weißlichen Inneren abschälen. In etwa 7 ½ cm große Stücke schneiden und mit der flachen Klinge eines schweren Messers zerdrücken.

2 Zitronengras, Galgant oder Ingwer, Limettenblätter oder -zesten, evtl. Korianderwurzeln und Kokosmilch aufkochen. Hitze reduzieren und zugedeckt 1 Stunde köcheln lassen. Flüssigkeit abseihen, Zitronengras, Galgant bzw. Ingwer, Limettenblätter bzw. -zesten und Korianderwurzeln wegwerfen.

3 Den Fisch mit Küchenkrepp gut trockentupfen und auf beiden Seiten mehrmals einschneiden.

4 Einen Dämpfkorb oder Rost in einen Wok oder tiefen Topf setzen und diesen etwa 5 cm hoch mit Wasser füllen. Bei starker Hitze aufkochen. Den Fisch auf einen tiefen hitzebeständigen Teller legen, die Kokosmilchsauce darüber gießen und Schalotten, Fischsauce, Limettensaft und Zucker zugeben. Den Fischteller in den Dämpfkorb oder auf den Rost stellen. Den Wok oder Topf fest verschließen und den Fisch in 15–20 Minuten gar dämpfen. Herausnehmen, mit Korianderblättern garnieren und sofort servieren.

FISCH IN KOKOSMILCH | 63

Gebratener Tintenfisch mit Chili

Thailändische Küchenchefs sind wahre Meister in der Zubereitung von Meeresfrüchten, besonders von Tintenfisch. Dieses pfannengerührte Gericht ist ganz einfach zu kochen und wird durch Chilis, Basilikum und Knoblauch sehr aromatisch.

Wenn der Tintenfisch erst einmal vorbereitet ist, ist das Gericht in Minuten fertig. Das beste Ergebnis erzielen Sie, wenn Sie mit dem Braten bis zum letzten Moment warten.

> Für 4 Personen
> Zubereitungszeit: ca. 30 Min.
> Garzeit: ca. 10 Min.

- 675 g frischer Tintenfisch oder 450 g gesäuberter TK-Tintenfisch, aufgetaut
- 175 g feine frische oder TK-Erbsen
- 1 ½ EL Öl
- 4 EL Knoblauch, grob gehackt
- 3 EL Schalotten, fein geschnitten
- 2–3 kleine, frische rote Chilis, entkernt und gehackt
- 1 EL Fischsauce
- 2 EL Austernsauce
- 2 TL Zucker
- etwa 1 EL frische thailändische oder andere Basilikumblätter

1 Kopf und Tentakel des Tintenfisches einschließlich der Gedärme vom Körper trennen. Dann die dünne, leicht violette Haut abziehen.

2 Mit einem scharfen Messer den Körper aufschneiden und den durchsichtigen Schulp entfernen. Den Körper gut unter fließend kaltem Wasser waschen und in etwa 4 cm lange Streifen schneiden.

GEBRATENER TINTENFISCH MIT CHILI | 65

3 Die Tentakel vom Kopf abschneiden, dabei den Schnitt direkt über dem Auge ansetzen (eventuell müssen auch die Kauwerkzeuge vom Tentakelansatz entfernt werden). Den Kopf entfernen und die Tentakel beiseite legen.

4 Frische Erbsen 3 Minuten in kochendem Salzwasser blanchieren, abgießen und beiseite stellen. TK-Erbsen nur auftauen und beiseite stellen.

5 Einen Wok oder eine große Pfanne stark erhitzen und das Öl hineingeben. Wenn es sehr heiß ist und leicht raucht, den Knoblauch zufügen und etwa 1 Minute unter Rühren braun braten. Mit dem Schaumlöffel herausnehmen und auf Küchenkrepp abtropfen lassen.

6. Tintenfischstreifen und Tentakel in den Wok geben und etwa 1 Minute unter Rühren braten, bis sie opalweiß werden.

7. Schalotten, Chilis, Erbsen, Fischsauce, Austernsauce und Zucker hinzufügen und alles etwa 3 Minuten unter Rühren braten. Das Basilikum untermischen und erneut umrühren. Auf einer Platte anrichten, mit dem Knoblauch garnieren und sofort servieren.

GEBRATENER TINTENFISCH MIT CHILI

Garnelen mit rotem Curry

Dies ist eine besonders schmackhafte Variante eines klassischen thailändischen Gerichts. Wenn die Sauce erst einmal zubereitet ist, sind die Garnelen in wenigen Minuten gegart. Reichen Sie gedämpften Reis dazu (siehe S. 12).

Für 4 Personen
Zubereitungszeit: ca. 20 Min.
Garzeit: ca. 20 Min.

1 ½ EL Öl

3 EL Knoblauch, grob gehackt

2 EL Schalotten, fein geschnitten

2 TL Kreuzkümmelsamen

1 TL Shrimpspaste

1 ½ EL rote Currypaste

400 ml Kokosmilch (1 Dose)

1 EL Fischsauce oder helle Sojasauce

2 TL Zucker

etwa ½ EL frische thailändische oder andere Basilikumblätter, zerkleinert

4 Kaffir-Limettenblätter oder 1 EL Limettenzesten, zerkleinert

450 g rohe Garnelen, geschält und ohne Darm (siehe S. 11)

etwa 1 EL frische Korianderblätter

1 Einen Wok oder eine große Pfanne sehr stark erhitzen und das Öl hineingeben. Wenn es heiß ist, Knoblauch, Schalotten und Kreuzkümmelsamen unter Rühren etwa 5 Minuten braten, bis sie gut geröstet sind. Shrimps- und Currypaste hinzufügen und weitere 2 Minuten unter Rühren braten.

2 Dann Kokosmilch, Fisch- oder Sojasauce, Zucker, Basilikum- und Limettenblätter oder -zesten zugeben. Die Hitze reduzieren und etwa 5 Minuten köcheln lassen.

3 Die Garnelen hinzufügen und etwa 5 Minuten garen, dabei gelegentlich umrühren. Die Korianderblätter zugeben, erneut umrühren und das Gericht servieren.

Garnelen mit grünem Curry

Dieses köstliche Gericht ist schnell und einfach zubereitet. Der sehr scharfe Geschmack der grünen Currypaste wird durch die reichhaltige Süße der Kokosmilch gemildert. Serviert mit gedämpftem Reis (siehe S. 12) sind die Currygarnelen eine wunderbare Mahlzeit.

Für 4 Personen
Zubereitungszeit: ca. 15 Min.
Garzeit: ca. 15 Min.

- 1 Stängel frisches Zitronengras
- 1 ½ EL Öl
- 2 EL grüne Currypaste
- 4 Kaffir-Limettenblätter, zerpflückt, oder 1 EL Limettenzesten, zerkleinert
- 2 EL Fischsauce oder helle Sojasauce
- 2 TL Zucker
- 400 ml Kokosmilch (1 Dose)
- 450 g rohe Garnelen, geschält und ohne Darm (siehe S. 11)
- etwa ½ EL frische thailändische oder andere Basilikumblätter, zerkleinert

1 Das Zitronengras bis zum weichen, weißlichen Inneren abschälen und fein schneiden

2 Einen Wok oder eine große Pfanne sehr stark erhitzen; erst Öl, dann die Currypaste hneingeben und etwa 2 Minuten unter Rühren braten.

70 | FISCH UND MEERESFRÜCHTE

3 Zitronengras, Limettenblätter oder -zesten, Fisch- oder Sojasauce, Zucker und Kokosmilch hinzufügen. Die Hitze reduzieren und alles 5 Minuten köcheln lassen.

4 Die Garnelen zugeben und 5 Minuten garen, dabei gelegentlich umrühren. Die Basilikumblätter hinzufügen, die Mischung erneut gut umrühren und dann servieren.

GARNELEN MIT GRÜNEM CURRY

Geschmorte Venusmuscheln mit Chili

Dies ist eines der einfachsten Rezepte der Thai-Küche. Venusmuscheln sind schnell gar und haben einen ausgeprägten Geschmack nach Meeresfrüchten, der hier durch Basilikum und Chili noch betont wird. Wenn Sie keine Venusmuscheln bekommen, nehmen Sie Miesmuscheln, die schmecken ebenfalls gut.

Für 4 Personen
Zubereitungszeit: ca. 20 Min.
Garzeit: ca. 7 Min.

1 kg frische Venusmuscheln
1 ½ EL Öl
3 EL Knoblauch, grob gehackt
2 EL Schalotten, fein gehackt
3 große, frische rote oder grüne Chilis, entkernt und fein geschnitten

2 EL Fischsauce oder helle Sojasauce
etwa 1 EL frische thailändische oder andere Basilikumblätter

1 Die Muscheln unter fließend kaltem Wasser abbürsten; alle offenen Muscheln, die sich nicht schließen, wenn man sie leicht auf die Arbeitsplatte schlägt, wegwerfen.

2 Einen Wok oder eine große Pfanne stark erhitzen und Öl zugeben. Wenn es sehr heiß ist und leicht raucht, Knoblauch, Schalotten, Chilis und Muscheln hineingeben und unter Rühren 3–4 Minuten braten, bis sich die Muscheln öffnen.

3 Ungeöffnete Muscheln wegwerfen. Die Fisch- oder Sojasauce zugeben, die Hitze reduzieren und das Gericht zugedeckt etwa 3 Minuten garen. Die Basilikumblätter hineinrühren und sofort servieren.

GESCHMORTE VENUSMUSCHELN MIT CHILI | 73

Kokosmuscheln

Kein Wunder, dass die Thais alle Arten von Nahrungsmitteln aus dem Meer lieben, denn Meeresfrüchte sind leicht zuzubereiten und schmecken in Verbindung mit den exotischen thailändischen Gewürzen einfach köstlich. Wie diese Miesmuscheln: In Minutenschnelle zaubern Sie ein hervorragendes Fischgericht auf den Tisch – ideal für einen Abend mit Gästen.

Für 4–6 Personen
Zubereitungszeit: ca. 25 Min.
Garzeit: ca. 10 Min.

- 1 ½ kg frische Miesmuscheln
- 2 Stängel frisches Zitronengras
- 400 ml Kokosmilch (1 Dose)
- 3 Kaffir-Limettenblätter oder 1 EL Limettenzesten, zerkleinert
- 2 EL Frühlingszwiebeln, grob gehackt
- 1 EL grüne Currypaste
- 3 EL Korianderwurzel oder -zweige, gehackt
- 2 EL Fischsauce
- 1 TL Zucker
- etwa 1 ½ EL frische thailändische oder andere Basilikumblätter, zerkleinert

1 Die Muscheln unter fließend kaltem Wasser abbürsten, eventuell anhaftende kleine Krebse mit einem kleinen Messer abkratzen. Die Muscheln entbarten; alle offenen Muscheln, die sich nicht schließen, wenn man sie leicht auf die Arbeitsfläche schlägt, wegwerfen.

2 Das Zitronengras bis zum weichen, weißlichen Inneren abschälen. In 7 ½ cm große Stücke schneiden und mit der flachen Klinge eines schweren Messers zerdrücken.

3 Die Kokosmilch mit 3 EL Wasser in den Wok oder eine große Pfanne gießen. Zitronengras, Limettenblätter oder -zesten, Frühlingszwiebeln, Currypaste, Korianderwurzel oder -zweige, Fischsauce und Zucker zugeben und aufkochen.

4 Muscheln zugeben und das Gericht zugedeckt bei großer Hitze etwa 5 Minuten garen, bis sich die Muscheln geöffnet haben (geschlossene wegwerfen). Die Mischung umrühren, das Basilikum hinzufügen und sofort servieren.

KOKOSMUSCHELN | 75

Meeresfrüchte in Kokosmilch

Thailands lang gestreckte Küste versorgt das Land mit einem reichen Vorrat an Fisch und Meeresfrüchten. Deshalb gibt es dort viele Gerichte mit Köstlichkeiten aus dem Meer. Bei diesem bringen anregende Gewürze und gehaltvolle Kokosmilch die Meeresfrüchte hervorragend zur Geltung. Welche Sie wählen, bleibt Ihnen überlassen – nur frisch sollten sie sein.

Für 4–6 Personen
Zubereitungszeit: ca. 30 Min.
Garzeit: ca. 15 Min.

- 1 frisch gekochte Krabbe im Panzer (1,5–1,6 kg)
- 175 g frische Miesmuscheln
- 3 Stängel frisches Zitronengras
- 4 Knoblauchzehen, durchgepresst
- 4 EL Schalotten, fein geschnitten
- 2 kleine, frische rote oder grüne Chilis, entkernt und gehackt
- 3 EL frischer Koriander, gehackt
- 1 EL schwarze Pfefferkörner
- 2 TL Limettenzesten, zerkleinert
- 800 ml Kokosmilch (2 Dosen)
- 175 g rohe Garnelen, geschält
- 175 g frische Jakobsmuscheln mit Rogen
- 2 EL Fischsauce
- 2 EL Limettensaft
- 2 EL Zucker

1. Schwanzenden, Magensack und Kiemen der Krabbe entfernen, falls notwendig. Mit einem schweren Messer oder Küchenbeil die Krabbe mit dem Panzer in große Stücke zerteilen.

2. Die Miesmuscheln unter fließend kaltem Wasser abbürsten und eventuell anhaftende kleine Krebse mit einem kleinen Messer abkratzen. Die Muscheln entbarten; alle offenen Muscheln, die sich nicht schließen, wenn man sie leicht auf die Arbeitsfläche schlägt, wegwerfen.

3. Das Zitronengras bis zum weichen, weißlichen Inneren abschälen, fein hacken und mit Knoblauch, Schalotten, Chilis, Koriander, Pfefferkörnern und Limettenzesten in einen Mixer geben. Etwa 3 EL Kokosmilch zufügen und alles zu einer Paste pürieren.

5 Krabbe, Miesmuscheln, Garnelen, Jakobsmuscheln, Fischsauce, Limettensaft und Zucker hinzufügen und das Gericht zugedeckt etwa 10 Minuten köcheln lassen. Die Mischung auf einer großen Platte servieren. Man verstößt nicht gegen die Tischsitten, wenn man Krabbe, Garnelen und Muscheln mit der Hand isst; eine Schüssel mit Wasser und Zitronenspalten auf dem Tisch erlaubt den Gästen, sich die Finger zu reinigen.

4 Die restliche Kokosmilch in einen Wok oder tiefen Topf gießen und aufkochen. Die Hitze reduzieren, die pürierte Würzpaste hineinrühren und 3 Minuten köcheln lassen.

MEERESFRÜCHTE IN KOKOSMILCH | 77

FLEISCH und GEFLÜGEL

Schweinefleisch mit Curry

Dies ist ein schnell und einfach zubereitetes thailändisches Currygericht, bei dem anregende Gewürze und Aromen dem Schweinefleisch eine besondere Note verleihen.

| Für 4 Personen |
| Zubereitungszeit: ca. 10 Min. |
| Garzeit: ca. 10 Min. |

- 450 g Schweinefilet
- 1 ½ EL Öl
- 2 EL rote Currypaste
- 3 EL frische Galgantwurzel oder frischer Ingwer, fein zerkleinert
- 1 TL Kurkuma, gemahlen
- 2 EL Knoblauch, fein geschnitten
- 400 ml Kokosmilch (1 Dose)
- 2 EL Fischsauce
- 4 Kaffir-Limettenblätter oder 1 EL Limettenzesten, zerkleinert
- 2 TL Zucker
- etwa 1 EL frische thailändische oder andere Basilikumblätter

1. Das Schweinefilet in dünne, etwa 5 cm lange Scheiben schneiden und beiseite stellen.

2. Einen Wok oder eine große Pfanne erhitzen und das Öl hineingeben. Wenn es heiß ist, die Currypaste zufügen und 30 Sekunden unter Rühren braten. Fleisch zugeben, bei starker Hitze etwa 1 Minute braten, dabei gut mit der Paste verrühren. Fleisch mit dem Schaumlöffel herausnehmen und beiseite stellen.

3. Galgant oder Ingwer, Kurkuma und Knoblauch in den Wok geben und etwa 10 Sekunden unter Rühren braten. Kokosmilch, Fischsauce, Limettenblätter oder -zesten und Zucker hineinrühren, aufkochen lassen und 5 Minuten köcheln lassen.

4 Das Fleisch in die Sauce geben und etwa 3 weitere Minuten köcheln lassen, bis das Fleisch gar ist. Das Basilikum zufügen und erneut kurz umrühren. Sofort servieren.

SCHWEINEFLEISCH MIT CURRY

Filet mit Shrimpspaste

Zartes Schweinefilet wird hier in dunkler Sojasauce mariniert und mit aromatischer Shrimpspaste gewürzt. Servieren Sie diese besonders schmackhafte thailändische Spezialität mit Ihrem – pfannengerührten – Lieblingsgemüse und gedämpftem Reis (siehe S. 12).

> Für 4 Personen
> Zubereitungszeit: ca. 10 Min.
> Marinierzeit: ca. 20 Min.
> Garzeit: ca. 6 Min.

450 g Schweinefilet
1 TL Salz
1 EL dunkle Sojasauce
1 ½ EL Öl
2 kleine, frische rote oder grüne Chilis, entkernt und gehackt
1 kleine Zwiebel, grob gehackt
2 EL Schalotten, fein geschnitten
2 EL Fischsauce
1 EL helle Sojasauce
½ TL weißer Pfeffer aus der Mühle
1 TL Zucker
1 ½ TL Shrimpspaste
etwa 1 EL frische Korianderblätter

1 Das Schweinefilet in dünne, etwa 4 cm lange Scheiben schneiden, in einer Schüssel mit Salz und dunkler Sojasauce gut vermischen und 20 Minuten ziehen lassen.

2 Einen Wok oder eine große Pfanne sehr heiß werden lassen und das Öl hineingeben. Wenn es sehr heiß ist und leicht raucht, Fleisch zugeben und unter Rühren 2 Minuten braten. Mit einem Schaumlöffel herausnehmen und in einem Sieb abtropfen lassen.

3 Zügig Chilis, Zwiebel und Schalotten in den Wok geben und 2 Minuten unter Rühren braten. Fischsauce, helle Sojasauce, Pfeffer, Zucker und Shrimpspaste hineinrühren.

4 Das abgetropfte Fleisch wieder in den Wok geben und etwa 2 Minuten unter Rühren braten, bis es gar ist. Die Korianderblätter hinzufügen, die Mischung erneut gut umrühren und sofort servieren.

FILET MIT SHRIMPSPASTE | 83

Rindfleischcurry Mussaman

Dieses Rezept basiert auf einem Gericht aus dem Nahen Osten, das mit der Ausbreitung des Islam nach Thailand kam. Aufgeschlossen gegenüber fremden Einflüssen, übernahmen die Thais das würzige Curry und ergänzten es mit den Aromen ihrer eigenen Küche. Wenn möglich, nehmen Sie Mussaman-Currypaste für dieses köstliche Gericht.

Für 4–6 Personen
Zubereitungszeit: ca. 15 Min.
Garzeit: ca. 2 ¼ Std.

Für das Rindfleischcurry:
2 EL Öl
1 ½ kg Schmorfleisch vom Rind (Brust oder Beinscheiben), gewürfelt
3 EL Mussaman- oder Madras-Currypaste
225 g kleine neue Kartoffeln, geschält
3 EL geröstete Erdnüsse, gehackt, zum Garnieren
etwa 1 EL frische Korianderblätter, zum Garnieren

Für die Sauce zum Schmoren:
2 frische Stängel Zitronengras
900 ml Kokosmilch aus der Dose
600 ml heißes Wasser
3 EL brauner oder weißer Zucker
3 EL Fischsauce oder helle Sojasauce
2 EL Limettensaft
2 TL Shrimpspaste
3 EL Schalotten, fein geschnitten
2 Zimtstangen
6 Kardamomsamen
¼ TL Muskatnuss, gemahlen
4 Kaffir-Limettenblätter oder 1 EL Limettenzesten, zerkleinert

1 Einen Wok oder eine große Pfanne erhitzen und Öl zugeben. Wenn es sehr heiß ist und leicht raucht, Fleisch hinzufügen und etwa 10 Minuten rundum braun braten. Eventuell muss man das Fleisch in 2–3 Portionen braten.

2 Das überschüssige Fett bis auf 1 EL abgießen. Das ganze Fleisch wieder in den Wok geben, die Currypaste zufügen und alles etwa 5 Minuten unter Rühren braten. Die Mischung in eine Kasserolle oder einen großen Topf umfüllen.

3 Das Zitronengras bis zum weichen, weißlichen Inneren abschälen. In etwa 7 ½ cm große Stücke schneiden und mit der flachen Klinge eines schweren Messers zerdrücken. Mit den restlichen Zutaten für die Schmorsauce in die Kasserolle geben. Aufkochen, alles Fett von der Oberfläche abschöpfen und bei sehr schwacher Hitze zugedeckt etwa 1 Stunde schmoren.

4 Die Kartoffeln in die Kasserolle geben und die Mischung etwa 30 weitere Minuten garen, bis das Fleisch weich ist. Dann die Sauce ohne Deckel bei starker Hitze etwa 15 Minuten einkochen. Mit gehackten Erdnüssen und Koriander garnieren und servieren.

RINDFLEISCHCURRY MUSSAMAN | 85

Schweinehackfleisch mit Basilikum

Dieses Gericht schmeckt der ganzen Familie und ist schnell und einfach zubereitet. Seine spezielle Note erhält es durch die Basilikumblätter mit ihrer frischen grünen Farbe und ihrem einzigartigen Aroma. Reichen Sie Reis oder Nudeln und Gemüse dazu.

Für 2–4 Personen
Zubereitungszeit: ca. 10 Min.
Garzeit: ca. 10 Min.

1 ½ EL Öl
1 EL rote Currypaste
3 EL Knoblauch, grob gehackt
3 EL Schalotten, fein geschnitten
450 g Schweinehackfleisch
2 EL Fischsauce
3 EL Kokosmilch
2 TL Zucker
etwa 2 EL frische thailändische oder andere Basilikumblätter, gehackt

1 Einen Wok oder eine große Pfanne bei mittlerer Temperatur erhitzen und das Öl hineingeben. Wenn es sehr heiß ist und leicht raucht, die Currypaste hinzufügen und etwa 1 Minute unter Rühren braten, bis sie zu schmelzen beginnt.

2 Knoblauch und Schalotten zugeben und 1 weitere Minute braten. Dann das Hackfleisch hinzufügen und etwa 3 Minuten unter Rühren braten.

3 Fischsauce, Kokosmilch und Zucker zugeben und weitere 3 Minuten unter Rühren braten. Zum Schluss das Basilikum untermischen und etwa 1 Minute unter Rühren mitbraten. Sofort servieren.

SCHWEINEHACKFLEISCH MIT BASILIKUM | 87

Würzige Fleischbällchen

In den Straßen von Bangkok ist man ständig von Düften umgeben, die einem das Wasser im Mund zusammenlaufen lassen. Sie entströmen den vielen kleinen Restaurants und Straßenständen entlang den Durchfahrtsstraßen. Diese Fleischbällchen werden oft an den Straßenständen verkauft. Ihr köstlicher Geschmack kommt von den Gewürzen, die das Fleisch durchdringen, während das Eiweiß den Bällchen eine zarte Struktur verleiht. Sie sind leicht zubereitet und können als Partysnack oder Teil einer Hauptmahlzeit gereicht werden.

Für 4 Personen
Zubereitungszeit: ca. 20 Min.
Garzeit: ca. 8 Min.

200 g gemischtes Hackfleisch
1 frisches Eiweiß
2 EL sehr kaltes Wasser
1 TL Salz
½ TL schwarzer Pfeffer aus der Mühle
2 EL Knoblauch, fein gehackt
3 EL frischer Koriander, fein gehackt
2 EL Frühlingszwiebeln, fein gehackt
1 EL Fischsauce
2 TL Zucker
etwas Mehl, zum Bestäuben
450 ml Öl, zum Frittieren

1 Das Hackfleisch in der Küchenmaschine kurz vermengen, dann langsam Eiweiß und kaltes Wasser hinzufügen und verrühren, bis beides ganz vom Fleisch aufgenommen ist.

2 Die restlichen Zutaten außer Mehl und Öl zugeben und etwa 1 Minute rühren, bis aus der Fleischmischung ein leichter Teig entstanden ist.

88 | FLEISCH UND GEFLÜGEL

3 Mit den Händen etwa zehn 4 cm große Bällchen formen. Diese rundum mit Mehl bestäuben und überschüssiges Mehl abschütteln. Die Fleischbällchen sind ziemlich weich und zerfallen leicht.

4 Einen Wok oder eine große Pfanne stark erhitzen und das Öl hineingeben. Wenn es sehr heiß ist und leicht raucht, so viele Bällchen, wie nebeneinander passen, vorsichtig hineinlegen. Etwa 4 Minuten braten, dabei gelegentlich wenden. Die Hitze anpassen, falls nötig. Die knusprig braunen Bällchen mit dem Schaumlöffel herausnehmen, auf Küchenkrepp abtropfen lassen und sofort servieren.

WÜRZIGE FLEISCHBÄLLCHEN | 89

Würziges Curryhähnchen

Dies ist eines der bekanntesten Thai-Gerichte. Es ist auch für westliche Gaumen sehr schmackhaft, weil die Kombination aus Kokosmilch, grüner Currypaste und Hähnchen einfach unschlagbar ist. Reichen Sie für eine vollständige Mahlzeit gedämpften Reis dazu (siehe S. 12).

Für 4 Personen
Zubereitungszeit: ca. 15 Min.
Garzeit: ca. 20 Min.

450 g Hähnchenschenkel ohne Haut und Knochen
2 Stängel frisches Zitronengras
225 g Auberginen
1 ½ EL Öl
2–3 EL grüne Currypaste
3 EL Schalotten, fein geschnitten
3 EL Knoblauch, grob gehackt
1 EL frische Galgantwurzel oder frischer Ingwer, fein gehackt
4 Kaffir-Limettenblätter oder 2 TL Limettenzesten, zerkleinert
1 EL Fischsauce
2 TL Zucker
1 TL Salz
400 ml Kokosmilch (1 Dose)
etwa 1 EL frische Korianderblätter
etwa 1 ½ EL frische thailändische oder andere Basilikumblätter

1 Das Hähnchenfleisch in etwa 2 ½ cm große Stücke schneiden. Das Zitronengras bis zum weichen, weißlichen Inneren abschälen und fein hacken. Die Auberginen ebenfalls in etwa 2 ½ cm große Stücke schneiden.

2 Einen Wok oder eine große Pfanne sehr heiß werden lassen und das Öl hineingeben. Die Currypaste darin 2 Minuten unter Rühren braten, dann das Hähnchenfleisch zufügen und gründlich mit der Paste verrühren.

3 Zitronengras, Schalotten, Knoblauch, Galgant oder Ingwer, Limettenblätter oder -zesten, Fischsauce, Zucker und Salz zugeben und 1 Minute unter Rühren braten.

4 Die Auberginen mit der Kokosmilch und 3 EL Wasser in den Wok geben und die Mischung bei schwacher Hitze etwa 15 Minuten köcheln lassen, bis das Hähnchen gar ist. Koriander- und Basilikumblätter hinzufügen, erneut umrühren und sofort servieren.

Hähnchen mit rotem Curry

In dieser leicht abgewandelten Variante des vorherigen Rezeptes wird rote statt grüner Currypaste verwendet. Das Gericht schmeckt ebenso köstlich wie sein „grünes" Gegenstück, es ist aber im Westen weniger bekannt.

Für 4 Personen
Zubereitungszeit: ca. 15 Min.
Garzeit: ca. 20 Min.

450 g Hähnchenschenkel ohne Haut und Knochen
2 Stängel frisches Zitronengras
1 ½ EL Öl
2–3 EL rote Currypaste
225 g kleine Kartoffeln, geschält
3 EL Schalotten, fein geschnitten
3 EL Knoblauch, grob gehackt
1 EL frische Galgantwurzel oder frischer Ingwer, fein gehackt
4 Kaffir-Limettenblätter oder 2 TL Limettenzesten, zerkleinert
1 EL Fischsauce
2 TL Zucker
1 TL Salz
400 ml Kokosmilch (1 Dose)
etwa 1 ½ EL frische Korianderblätter
50 g geröstete Erdnüsse, zerkleinert, zum Garnieren
1 große, frische rote Chilischote, entkernt und zerkleinert, zum Garnieren

1 Das Hähnchenfleisch in etwa 2 ½ cm große Stücke schneiden. Das Zitronengras bis zum weichen, weißlichen Inneren abschälen und fein hacken.

2 Einen Wok oder eine große Pfanne sehr heiß werden lassen und das Öl hineingeben. Die Currypaste darin unter Rühren 2 Minuten braten, dann Hähnchenfleisch und Kartoffeln zufügen und gut mit der Paste vermischen.

3 Zitronengras, Schalotten, Knoblauch, Galgant oder Ingwer, Limettenblätter oder -zesten, Fischsauce, Zucker und Salz zufügen und 1 weitere Minute unter Rühren braten.

4 Die Kokosmilch und 3 EL Wasser dazugießen. Die Mischung bei schwacher Hitze etwa 15 Minuten köcheln lassen, bis das Fleisch gar ist. Den Koriander unterrühren. Mit gehackten Erdnüssen und Chilis garnieren und sofort servieren.

HÄHNCHEN MIT ROTEM CURRY | 93

Pfannengerührtes Hähnchen mit Chili

Dieses traditionelle Gericht ist sehr leicht zuzubereiten. Das einzigartige scharfe Aroma des thailändischen Basilikums wirkt ausgesprochen appetitanregend.

> Für 4 Personen
> Zubereitungszeit: ca. 10 Min.
> Garzeit: ca. 20 Min.

450 g Hähnchenschenkel ohne Haut und Knochen
2 EL Öl
3 EL Schalotten, fein geschnitten
3 EL Knoblauch, grob gehackt
3 frische rote oder grüne Chilis, entkernt und fein geschnitten
2 EL Fischsauce
2 TL dunkle Sojasauce
2 TL Zucker
etwa 1 ½ EL thailändische oder andere Basilikumblätter

1 Das Hähnchenfleisch in etwa 2 ½ cm große Stücke schneiden. Einen Wok oder eine große Pfanne sehr heiß werden lassen und 1 EL Öl hineingeben. Wenn es sehr heiß ist, das Fleisch darin in etwa 8 Minuten bei starker Hitze rundum braun braten, dabei häufig wenden. Das Fleisch mit dem Schaumlöffel in ein Sieb geben.

2 Den Wok wieder erhitzen und das restliche Öl hineingeben. Schalotten und Knoblauch darin etwa 3 Minuten unter Rühren braten, bis sie goldbraun sind.

3 Das Fleisch wieder in den Wok geben, Chilis, Fischsauce, Sojasauce und Zucker hinzufügen. Bei starker Hitze etwa 8 Minuten unter Rühren braten, bis das Fleisch gar ist. Die Basilikumblätter hineinrühren und sofort servieren.

PFANNENGERÜHRTES HÄHNCHEN MIT CHILI | 95

Barbecue-Hähnchen

Das rauchige Aroma gegrillter Speisen ist auf Thailands Straßen allgegenwärtig. Eines der beliebtesten Gerichte ist dieses schmackhafte Grillhähnchen. Man verwendet dafür Hähnchenschenkel, weil sie fleischiger sind als Hähnchenbrüste und auch bei der enormen Grillhitze saftig bleiben. Am besten lassen Sie das Fleisch über Nacht in der Marinade ziehen. Servieren Sie das Gericht zimmerwarm als Sommermahlzeit oder bei einem Picknick.

> Für 4 Personen
> Zubereitungszeit: ca. 10 Min.
> Marinierzeit: ca. 8 Std. (1 Nacht)
> Garzeit: ca. 20 Min.

Für die Marinade:
- 2 EL Fischsauce
- 3 EL Knoblauch, grob gehackt
- 3 EL frischer Koriander, gehackt
- 2 kleine, frische rote oder grüne Chilis, entkernt und gehackt
- 4 Kaffir-Limettenblätter oder 1 EL Limettenzesten
- 2 TL Zucker
- 1 EL Shaoxing-Reiswein oder trockener Sherry
- 1 TL Kurkuma, gemahlen
- 2 TL rote Currypaste
- 1 TL Salz
- ½ TL schwarzer Pfeffer aus der Mühle
- 4 EL Kokosmilch aus der Dose

Für das Fleisch:
- 900 g Hähnchenschenkel mit Knochen
- etwa 1 EL frische Korianderzweige, zum Garnieren

1 Alle Zutaten für die Marinade im Mixer pürieren oder mit einem Stößel im Mörser mischen.

2 Die Hähnchenschenkel mit Küchenkrepp trockentupfen. In einer großen Schüssel mit der Marinade übergießen, gut vermischen und mit Frischhaltefolie bedeckt über Nacht im Kühlschrank ziehen lassen. Das Hähnchen vor dem Grillen 40 Minuten bei Zimmertemperatur stehen lassen. Den Grill anzünden oder den Backofengrill auf höchster Stufe vorheizen. Wenn der Grill sehr heiß ist, die Hähnchenschenkel auf jeder Seite etwa 10 Minuten grillen, bis sie gar sind.

3 Das Gericht auf einer Platte anrichten, mit den Korianderzweigen garnieren und nach Belieben sofort servieren oder zuerst auf Zimmertemperatur abkühlen lassen.

Hähnchen im Pandanblatt

Hier habe ich eines meiner Lieblingsgerichte abgewandelt. Das Hähnchenfleisch wird mariniert, in zarte Pandanblätter gewickelt und dann gebraten. Dabei wird der nussähnliche Geschmack der Blätter freigesetzt. Ein wunderbares Gericht für eine Party mit vielen Gästen. Pandanblätter ähneln Bambusblättern und sind in manchen Asienläden erhältlich. Wenn Sie keine bekommen, nehmen Sie stattdessen Alufolie.

> Für 4–6 Personen
> Zubereitungszeit: ca. 40 Min.
> Marinierzeit: ca. 8 Std. (1 Nacht)
> Garzeit: ca. 30 Min.

Für die Marinade:
- 2 EL helle Sojasauce
- 3 EL Knoblauch, grob gehackt
- 2 EL Austernsauce
- 2 TL Zucker
- 2 EL Korianderwurzel oder frischer Koriander, fein gehackt
- 1 EL Fischsauce
- 2 TL Sesamöl
- ½ TL schwarzer Pfeffer aus der Mühle

Für das Fleisch:
- 450 g Hähnchenschenkel ohne Haut und Knochen
- 40 Pandanblätter, in 12 ½ cm große Quadrate geschnitten
- 600 ml Öl, zum Frittieren

Für die Sauce:
- 2 ½ EL weißer Reisessig oder Apfelessig
- 2 EL dunkle Sojasauce
- 2 TL Zucker
- 2 TL Sesamsamen, geröstet
- 1 kleine, frische rote Chilischote, entkernt und fein gehackt

1 Alle Zutaten für die Marinade im Mixer glatt pürieren.

2 Das Hähnchenfleisch in mundgerechte Stücke schneiden. In einer Schüssel mit der Marinade gut vermischen, dann mit Frischhaltefolie bedeckt über Nacht im Kühlschrank ziehen lassen.

3 Das Hähnchenfleisch erst direkt vor dem Weiterverarbeiten aus dem Kühlschrank nehmen. Immer 1 Stück Fleisch in ein Pandanblatt (oder ein Stück Alufolie) wickeln.

4 Bei kleinen Blättern mehrere verwenden, die sich überlappen. Jedes Päckchen mit einem Faden oder einem Bambusspießchen verschließen.

5 Alle Zutaten für die Sauce in einer Schüssel verrühren und beiseite stellen.

6 Einen Wok oder eine große Pfanne stark erhitzen und das Öl hineingeben. Wenn es heiß ist und leicht raucht, immer 5 Päckchen auf einmal hineinlegen und etwa 4 Minuten braten, bis das Fleisch gar ist. Auf Küchenkrepp gut abtropfen lassen und warm halten, bis alle Päckchen gebraten sind. Sofort mit der Sauce servieren.

HÄHNCHEN IM PANDANBLATT | 99

GEMÜSE und BEILAGEN

Pfannengerührtes Gemüse

Dieses Gericht ist ebenso farbenfroh wie nahrhaft. Statt der Gemüseauswahl, die ich hier vorschlage, können Sie auch Ihre eigenen Lieblingssorten nehmen. Denken Sie daran, beim Pfannenrühren mit dem festeren Gemüse zu beginnen.

Wenn Sie es vegetarisch mögen, verwenden Sie einfach vegetarische Austernsauce (mit Pilzen) und ersetzen Sie die Fischsauce durch helle Sojasauce.

> Für 4 Personen
> Zubereitungszeit: ca. 15 Min.
> Garzeit: ca. 10 Min.

225 g Brokkoli
225 g Spargel
225 g Chinakohl
225 g junger Zuckermais, frisch oder aus der Dose
2 EL Öl
3 EL Knoblauch, fein geschnitten
3 EL Schalotten, fein geschnitten
2 kleine, frische rote Chilis, entkernt und klein geschnitten
1 ½ EL Fischsauce
2 EL Austernsauce
2 TL Zucker
1 TL Salz

1. Den Brokkoli in Röschen teilen. Die Stiele schälen und schräg in dünne Scheiben schneiden. Den Spargel von den holzigen Enden befreien und in etwa 4 cm lange Stücke schneiden. Den Chinakohl in 4 cm lange Streifen schneiden.

2. Mais und Brokkoli in einem großen Topf mit kochendem Salzwasser 3 Minuten blanchieren. Abgießen und das Gemüse in kaltes Wasser tauchen, um den Garprozess zu stoppen.

3. Einen Wok oder eine große Pfanne bei starker Hitze mäßig heiß werden lassen. Öl und Knoblauch hineingeben und den Knoblauch unter Rühren in etwa 1–1 ½ Minuten goldbraun braten. Mit einem Schaumlöffel herausnehmen und auf Küchenkrepp abtropfen lassen. Schalotten und Chilis im Wok unter Rühren 1 Minute braten.

102 | GEMÜSE UND BEILAGEN

4 Mais und Spargel hinzufügen und 30 Sekunden braten. Die Fischsauce zugeben, die Mischung aufkochen und zugedeckt bei starker Hitze 2 Minuten garen.

5 Brokkoli und Chinakohl mit Austernsauce, Zucker und Salz hinzufügen und etwa 3 Minuten bei starker Hitze weitergaren, bis das Gemüse weich ist. Auf einer Platte anrichten, mit dem gebratenen Knoblauch garnieren und sofort servieren.

PFANNENGERÜHRTES GEMÜSE | 103

Auberginen süßsauer

Dieses einfache Gericht ist eine wohlschmeckende Beilage zu jeder Mahlzeit. Mit heller Sojasauce statt Fischsauce zubereitet ist es auch für Vegetarier geeignet.

Für 2–4 Personen
Zubereitungszeit: ca. 15 Min.
Ruhezeit: ca. 30 Min.
Garzeit: ca. 30–40 Min.

450 g Auberginen
3 EL Schalotten, fein geschnitten
2 EL Fisch- oder helle Sojasauce
2 EL Limettensaft
1 EL Zucker
etwa 1 EL frische Korianderblätter, zum Garnieren

1 Den Ofen auf 240 °C (Umluft 210 °C, Gas Stufe 4–5) vorheizen. Die Auberginen mit einem scharfen Messer ringsum einstechen, dann auf einem Backblech in etwa 30–40 Minuten weich backen. Abkühlen lassen.

2 Die Auberginen schälen und in einem Sieb mindestens 30 Minuten abtropfen lassen. Das Fruchtfleisch würfeln und in eine Schüssel geben. Das alles kann auch mehrere Stunden im Voraus erledigt werden.

3 Schalotten, Fisch- oder Sojasauce, Limettensaft und Zucker in einem Topf zum Köcheln bringen. Die Mischung über die Auberginen gießen und gut vermengen. Mit den Korianderblättern garnieren und servieren.

AUBERGINEN SÜSSSAUER | 105

Gebratener Reis

Auf thailändische Art gebratener Reis ist ein Klassiker der Thai-Küche und wird überall im Land angeboten. Häufig wird er mit einem Spiegelei obenauf serviert und ergibt dann eine vollständige, schmackhafte Mahlzeit.

Für 4–6 Personen
Zubereitungszeit: ca. 15 Min.
(ohne Kochzeit für den Reis)
Garzeit: ca. 10 Min.

Im Messbecher abgemessene 400 ml Langkornreis
2 frische Eier, verquirlt
2 TL Sesamöl
½ TL Salz
225 g Hähnchenbrüste ohne Haut und Knochen
2 EL Öl
2 EL Knoblauch, grob gehackt
1 kleine Zwiebel, fein gehackt
½ TL schwarzer Pfeffer aus der Mühle
3 EL Fischsauce
3 EL Frühlingszwiebeln, fein gehackt
3 EL frischer Koriander, fein gehackt
2 kleine, frische rote oder grüne Chilis, entkernt und gehackt
1 Limette, in Spalten geschnitten, zum Garnieren
4 Spiegeleier, zum Garnieren (nach Belieben)

1 Am Vorabend oder mindestens 2 Stunden zuvor den Reis nach den Anweisungen auf S. 12 garen. Den Reis auf einem Backblech verteilen, vollständig abkühlen lassen und in den Kühlschrank stellen.

2 Die Eier mit Sesamöl und Salz vermischen und beiseite stellen. Die Hähnchenbrüste in etwa 1 cm kleine Würfel schneiden.

3 Einen Wok oder eine große Pfanne stark erhitzen und das Öl hineingeben. Wenn es sehr heiß ist und leicht raucht, Knoblauch, Zwiebel und Pfeffer hinzufügen und 2 Minuten unter Rühren braten. Das Fleisch zugeben und weitere 2 Minuten unter Rühren braten. Den kalten Reis hinzufügen und 3 Minuten mitbraten.

4 Fischsauce, Frühlingszwiebeln, Koriander und Chilis zugeben und alles etwa 2 Minuten unter Rühren braten.

5 Schließlich die Eimischung unterrühren und alles erneut 1 Minute braten. Auf einer Platte anrichten, mit Limettenspalten und Spiegeleiern (nach Belieben) garnieren und sofort servieren.

GEBRATENER REIS | 107

Gebratener Reis für Vegetarier

Der Buddhismus ist ein wichtiger Teil der thailändischen Kultur. Während eines einwöchigen Festes im Herbst reinigen die Thailänder Körper und Seele, indem sie jeden Tag nur Gemüse essen. Hier ein vegetarisches Gericht, das in dieser Zeit auf vielen Speisekarten steht.

> Für 4–6 Personen
> Zubereitungszeit: ca. 15 Min.
> (ohne Kochzeit für den Reis)
> Garzeit: ca. 12 Min.

Im Messbecher abgemessene 400 ml Langkornreis
3 Frühlingszwiebeln, zum Garnieren
1 Salatgurke, zum Garnieren
1 Limette, zum Garnieren
2 EL Öl
3 EL Knoblauch, grob gehackt
1 kleine Zwiebel, fein gehackt
½ TL schwarzer Pfeffer aus der Mühle
175 g Stangen- oder Prinzessbohnen, gewürfelt
100 g frischer oder TK-Mais
2 EL helle Sojasauce
2 TL grüne Currypaste

1 Am Vorabend oder mindestens 2 Stunden vorher den Reis nach den Anweisungen auf S. 12 garen. Auf einem Backblech verteilen, vollständig abkühlen lassen und in den Kühlschrank stellen.

2 Die Garnierung zubereiten: Die Frühlingszwiebeln leicht schräg in etwa 2 ½ cm lange Stücke schneiden. Die Salatgurke schälen, längs halbieren und die Kerne mit einem Teelöffel herausschaben. Die Gurke in sehr dünne Scheiben schneiden. Die Limette in Spalten schneiden und alle drei Zutaten beiseite stellen.

108 | GEMÜSE UND BEILAGEN

3 Einen Wok oder eine große Pfanne stark erhitzen und das Öl hineingeben. Wenn es sehr heiß ist und leicht raucht, Knoblauch, Zwiebel und Pfeffer hinzufügen und etwa 2 Minuten unter Rühren braten. Bohnen und Mais zugeben und noch weitere 3 Minuten unter Rühren braten.

4 Den kalten gegarten Reis hineinrühren und 5 Minuten mitbraten. Sojasauce und Currypaste hinzufügen und unter Rühren 2 Minuten braten. Auf einer Platte anrichten. Mit Frühlingszwiebeln, Gurken und Limettenspalten garnieren und sofort servieren.

GEBRATENER REIS FÜR VEGETARIER | 109

Kokosreis

Zusammen mit „Würzigem Papayasalat" (siehe S. 40) ergibt dieser leckere Reis eine vollständige vegetarische Mahlzeit.

Im Messbecher abgemessene
400 ml Langkornreis
400 ml Kokosmilch (1 Dose)
300 ml Wasser
½ TL Salz
1 TL Zucker

Für 4 Personen
Zubereitungszeit: ca. 5 Minuten
Ruhezeit: ca. 10 Min. für den Reis
Garzeit: ca. 15 Min.

1 Den Reis in einer großen Schüssel mehrmals mit frischem Wasser waschen, bis das Wasser klar bleibt.

2 Den Reis abtropfen lassen und mit Kokosmilch, Wasser, Salz und Zucker in einem großen Topf aufkochen. Die Hitze auf kleinste Stufe stellen und den Reis im fest verschlossenen Topf ungestört 15 Minuten garen.

3 Den Topf vom Herd nehmen und den Reis 10 Minuten zugedeckt ruhen lassen, dann servieren. Der Reis ist unten leicht gebräunt – das ist normal und schmeckt ganz vorzüglich.

KOKOSREIS | 111

Gebratener Hähnchenreis

Gebratener Reis in allen Variationen ist in Thailand sehr beliebt, so wie diese Version mit Hähnchen und duftendem Basilikum. Verwenden Sie wenn möglich Jasminreis, denn sein Aroma macht dieses Gericht noch köstlicher.

Für 4–6 Personen
Zubereitungszeit: ca. 15 Min.
(ohne Kochzeit für den Reis)
Garzeit: ca. 10 Min.

Im Messbecher abgemessene 400 ml Jasminreis oder Langkornreis

225 g Hähnchenbrüste ohne Haut und Knochen

2 EL Öl

3 EL Knoblauch, fein geschnitten

1 kleine Zwiebel, fein gehackt

3 EL Schalotten, geschnitten

100 g große, frische rote Chilis, entkernt und zerkleinert

2 TL Salz

½ TL schwarzer Pfeffer aus der Mühle

2 TL Zucker

1 EL Fischsauce

etwa 1 EL frische thailändische oder andere Basilikumblätter

3 EL Frühlingszwiebeln, fein zerkleinert, zum Garnieren

1 Am Vorabend oder mindestens 2 Stunden zuvor den Reis nach den Anweisungen auf S. 12 garen. Auf einem Backblech verteilen, vollständig abkühlen lassen und in den Kühlschrank stellen.

2 Fleisch in dünne Streifen schneiden, beiseite stellen. Den Wok oder eine große Pfanne stark erhitzen und Öl hineingeben. Wenn es sehr heiß ist und leicht raucht, Knoblauch, Zwiebeln, Schalotten, Chilis, Salz und Pfeffer zufügen, 2 Minuten unter Rühren braten.

3 Das Hähnchenfleisch zugeben und 2 Minuten unter Rühren braten. Den Reis hineinrühren und 3 Minuten mitbraten. Zucker und Fischsauce hinzufügen und alles 2 weitere Minuten unter Rühren braten.

112 | GEMÜSE UND BEILAGEN

4 Die Basilikumblätter unterrühren und noch 1 Minute braten. Auf einer Platte anrichten, mit den Frühlingszwiebeln garnieren und heiß servieren – oder abkühlen lassen und als Reissalat reichen.

GEBRATENER HÄHNCHENREIS | 113

Gebratene Reisnudeln

Dies ist wohl eines der beliebtesten Gerichte in Thailand: Es wird gern zu Hause gegessen und an vielen Straßenständen angeboten. Es vereinigt die wesentlichen Geschmacksrichtungen der Thai-Küche: süß, sauer, scharf und würzig. Die Garnierungen werden erst kurz vor dem Servieren auf den Reisnudeln verteilt.

> Für 4 Personen
> Zubereitungszeit: ca. 25 Min.
> Einweichzeit: ca. 25 Min.
> Garzeit: ca. 10 Min.

Für die Reisnudeln:
- 225 g breite getrocknete Reisnudeln
- 3 EL Öl
- 450 g rohe Garnelen, geschält und ohne Darm (siehe S. 11)
- 3 EL Knoblauch, grob gehackt
- 3 EL Schalotten, fein geschnitten
- 2 große, frische rote oder grüne Chilis, entkernt und gehackt
- 2 frische Eier, verquirlt
- 2 EL Limettensaft
- 3 EL Fischsauce
- 1 EL süße Chilisauce (siehe S. 42)
- 1 TL Zucker
- ½ TL schwarzer Pfeffer aus der Mühle
- 175 g Sojasprossen

Zum Garnieren:
- 1 Limette, in Spalten geschnitten
- 3 EL frischer Koriander, grob gehackt
- 3 Frühlingszwiebeln, geschnitten
- 3 EL geröstete Erdnüsse, grob gehackt
- 1 TL getrocknete Chiliflocken

1 Die Reisnudeln in einer Schüssel mit warmem Wasser 25 Minuten einweichen, dann in einem Sieb abtropfen lassen.

2 Einen Wok oder eine große Pfanne sehr heiß werden lassen und 1 EL Öl hineingeben. Wenn es sehr heiß ist und leicht raucht, die Garnelen zufügen und etwa 2 Minuten unter Rühren braten. Mit einem Schaumlöffel herausnehmen und beiseite stellen.

114 | GEMÜSE UND BEILAGEN

3 Den Wok wieder erhitzen, das restliche Öl, dann Knoblauch, Schalotten und Chilis hineingeben und alles 1 Minute unter Rühren braten. Die Nudeln hinzufügen und 1 weitere Minute braten und rühren. Schließlich verquirlte Eier, Limettensaft, Fischsauce, Chilisauce, Zucker und Pfeffer zugeben und weitere 3 Minuten unter Rühren braten.

4 Die Garnelen wieder in den Wok geben, die Sojasprossen hineinrühren und 2 Minuten mitbraten. Auf einer Platte anrichten, mit Limettenspalten, Koriander, Frühlingszwiebeln, Erdnüssen und Chiliflocken garnieren; sofort servieren.

GEBRATENE REISNUDELN | 115

Würziger Nudelsalat

Dies ist eine der vielen kulinarischen Köstlichkeiten, die man auf den Märkten überall in Thailand findet. Der herzhafte Nudelsalat wird in Minutenschnelle im Wok zubereitet und am besten lauwarm serviert.

Für 4 Personen
Zubereitungszeit: ca. 10 Min.
Einweichzeit: ca. 25 Min.
Garzeit: ca. 8 Min.

225 g flache Reisnudeln, wie Reisstäbchennudeln
1 EL Öl
3 EL getrocknete Shrimps, gehackt
3 EL Knoblauch, klein geschnitten
3 EL Schalotten, klein geschnitten
225 g Schweinehackfleisch
3 EL Fischsauce
1 EL Zucker
3 EL Limettensaft
3–4 kleine, frische rote oder grüne Chilis, entkernt und gehackt
etwas Salz und schwarzer Pfeffer aus der Mühle
50 g geröstete Erdnüsse, zerkleinert, zum Garnieren
einige frische Korianderzweige, zum Garnieren

1 Die Reisnudeln in einer Schüssel mit warmem Wasser etwa 25 Minuten einweichen und in einem Sieb abtropfen lassen.

2 Einen Wok oder eine Pfanne stark erhitzen und Öl hineingeben. Wenn es sehr heiß ist und leicht raucht, Shrimps und Knoblauch hinzufügen und etwa 1 Minute unter Rühren goldbraun braten. Schalotten und Hackfleisch zugeben und 3 Minuten braten und rühren.

GEMÜSE UND BEILAGEN

3 Fischsauce, Zucker, Limettensaft, Chilis, Salz, Pfeffer und die Nudeln in den Wok geben und 3–4 Minuten unter Rühren braten. Auf einer großen Platte anrichten und Erdnüsse und Korianderzweige darüber streuen. Sofort servieren oder erst etwas abkühlen lassen.

WÜRZIGER NUDELSALAT | 117

Grüner Bohnensalat

Die Thais schätzen Flügelbohnen sehr. Sie sind leuchtend grün und haben dekorative Spitzen an jedem Ende, die an Flügel erinnern. Hier werden die Bohnen blanchiert und in einem würzigen Dressing angerichtet. Der Salat ist eine wundervolle Beilage zu Currygerichten. Wenn keine Flügelbohnen erhältlich sind, kann man auch Stangen- oder Prinzessbohnen nehmen.

Für 2–4 Personen
Zubereitungszeit: ca. 15 Min.
Garzeit: ca. 3 Min.

- 450 g Flügel- oder Stangenbohnen, klein geschnitten, oder Prinzessbohnen
- 2 kleine, frische rote oder grüne Chilis, entkernt und gehackt
- 2 TL Zucker
- 2 EL Limettensaft
- 2 EL Fischsauce oder helle Sojasauce
- 200 ml Kokosmilch aus der Dose
- 5 EL Schalotten, fein geschnitten
- 3 EL geröstete Erdnüsse, zerkleinert, zum Garnieren
- 2 EL getrocknete Kokosraspel, geröstet, zum Garnieren

1 Die Bohnen in einem großen Topf mit kochendem Salzwasser 3 Minuten blanchieren, abgießen und sofort in kaltes Wasser tauchen. Gründlich abtropfen lassen und beiseite stellen.

2 Chilis, Zucker, Limettensaft, Fisch- oder Sojasauce und Kokosmilch in einer Schüssel gut vermengen.

GEMÜSE UND BEILAGEN

3 Bohnen und Schalotten unter das Dressing mischen, mit Erdnüssen und Kokosraspeln garnieren und servieren.

GRÜNER BOHNENSALAT | 119

Gebratene Bohnen mit rotem Curry

Butterweiche, saftige dicke Bohnen sind in ganz Asien beliebt. In Thailand werden sie mit roter Currypaste pfannengerührt. Sie verleiht den Bohnen eine pikante Schärfe, ohne ihren charakteristischen Geschmack zu verdecken. Das Gericht kann als köstliche Beilage oder auch als vegetarischer erster Gang eines Menüs serviert werden. Man nimmt am besten ganz frische dicke Bohnen, aber Sie können auch gut TK-Bohnen verwenden.

> Für 2–4 Personen
> Zubereitungszeit: ca. 25 Min.
> Garzeit: ca. 5 Min.

900 g frische dicke Bohnen in der Schote oder 350 g TK-Bohnen, enthülst

1 EL Öl

3 EL Knoblauch, fein geschnitten

3 EL Schalotten, fein geschnitten

2 kleine, frische rote Chilis, entkernt und fein geschnitten

etwas schwarzer Pfeffer aus der Mühle

2 TL Zucker

2 TL rote Currypaste

1 EL Fischsauce oder helle Sojasauce

1 Frische Bohnen enthülsen und in einem großen Topf mit kochendem Salzwasser 2 Minuten blanchieren. Abgießen, in kaltem Wasser abschrecken und abtropfen lassen. Wenn die Bohnen ausgekühlt sind, die Häutchen abziehen. TK-Bohnen einfach auftauen lassen.

2 Einen Wok oder eine große Pfanne stark erhitzen und das Öl hineingeben. Wenn es sehr heiß ist und leicht raucht, Knoblauch, Schalotten, Chilis und Pfeffer zufügen und 1 Minute unter Rühren braten.

3 Bohnen, Zucker, rote Currypaste, Fischsauce und 2 EL Wasser zugeben und alles noch weitere 2 Minuten bei starker Hitze unter Rühren braten. Sofort servieren.

GEBRATENE BOHNEN MIT ROTEM CURRY | 121

Menüvorschläge

Eine thailändische Mahlzeit besteht aus Gerichten, die zum Teil auch chinesische Einflüsse zeigen, denn viele Menschen in Thailand stammen aus China. Deshalb gehören zu einem Thai-Menü pfannengerührtes Fleisch, Gemüse- und Nudelgerichte, Thai-Currys, erfrischende Salate und Dips. Hier einige Vorschläge, wie man die Rezepte aus diesem Buch kombinieren kann.

Familienmahlzeit

Hähnchen-Nudel-Suppe aus Nordthailand

Geschmorte Venusmuscheln mit Chili

Würziger Nudelsalat

Schnelles und einfaches Menü

Würziger Pomelosalat

Schweinehackfleisch mit Basilikum

Kokosreis

Authentisches Thai-Menü

Würzige Garnelen-Zitronengras-Suppe

Garnelen mit grünem Curry

Fisch mit Mangosalat

Gebratener Reis

Thailändische Party

Thai-Frühlingsrollen

Frittierte Fischfrikadellen

Knusprige Maisküchlein

Knusprige Wan-Tans mit süßer Chilisauce

Sommermenü

Würziger Papayasalat

Barbecue-Hähnchen

Kokosmuscheln

Vegetarisches Fest

Pikante Reissuppe

Pfannengerührtes Gemüse

Auberginen süßsauer

Gebratener Reis für Vegetarier

Thailändische Straßensnacks

Gebratene Reisnudeln

Hähnchen im Pandanblatt

Herzhaftes Wintermenü

Hühner-Kokos-Suppe

Rindfleischcurry Mussaman

oder Würziges Curry-Hähnchen

Gedämpfter Reis

Meeresfrüchte-Menü

Frittierte Garnelen

Meeresfrüchte in Kokosmilch

Fisch mit Chilisauce

Gedämpfter Reis

Register

Abkürzungen 25
Auberginen 8
    Auberginen süßsauer 104–105
    Würziges Curry-Hähnchen 90–91
Auberginen süßsauer 104–105
Austernsauce 17

Bambusbürste 23
Barbecue-Hähnchen 96–97
Basilikum 8
    Gebratener Hähnchenreis 112–113
    Gebratener Tintenfisch mit Chili
        64–67
    Geschmorte Venusmuscheln mit
        Chili 72–73
    Pfannengerührtes Hähnchen mit
        Chili 94–95
    Schweinehackfleisch mit
        Basilikum 86–87
Bohnensalat, grün 118–119
Brokkoli
    Pfannengerührtes
        Gemüse 102–103

Chili-Bohnen-Sauce 17
Chilidip 9
Chiliöl 9
Chilipulver 11
Chilis 9–10
    Fisch mit Chilisauce 58–59
    Gebratener Hähnchenreis 112–113
    Gebratener Tintenfisch mit
        Chili 64–67
    Geschmorte Venusmuscheln mit
        Chili 72–73
    Knusprige Wan-Tans mit süßer
        Chilisauce 42–45
    Pfannengerührtes Hähnchen mit
        Chili 94–95
Chinakohl 11
    Pfannengerührtes
        Gemüse 102–103
Curry
    Garnelen mit grünem Curry 70–71
    Garnelen mit rotem Curry 68–69
    Gebratene Bohnen mit rotem
        Curry 120–121
    Hähnchen mit rotem Curry 92–93
    Rindfleischcurry
        Mussaman 84–85
    Schweinefleisch mit Curry 80–81
    Würziges Curryhähnchen 90–91
Currypaste, thailändische 18
Currypulver 11

Dämpfeinsatz, Wok 23
Dämpfkorb 24

Eiernudeln 14–15
Erdnussöl 15
Essig 11
Ess-Stäbchen 23–24

Fisch 52–63
    Fisch in Kokosmilch 62–63
    Fisch mit Chilisauce 58–59
    Fisch mit Mangosalat 60–61
    Frittierte Fischfrikadellen 54–57
Fischsauce 17
Fleisch 78–89
    Filet mit Shrimpspaste 82–83
    Rindfleischcurry Mussaman 84–85
    Schweinefleisch mit Curry 80–81
    Schweinehackfleisch mit
        Basilikum 86–87
    Würzige Fleischbällchen 88–89
Forelle
    Fisch mit Chilisauce 58–59
Fritteuse 24
Frittierte Fischfrikadellen 54–57

Galgant 11
Garnelen 11
    Frittierte Garnelen 46–47
    Garnelen mit grünem Curry 70–71
    Garnelen mit rotem Curry 68–69
    Gebratene Reisnudeln 114–115
    Knusprige Wan-Tans mit süßer
        Chilisauce 42–45
    Meeresfrüchte in
        Kokosmilch 76–77
    Thai-Frühlingsrollen 36–39
    Würzige Garnelen-Zitronengras-
        Suppe 28–29
Gasofentemperaturen 25
Gebratene Bohnen mit rotem
    Curry 120–121
Gebratener Reis für
    Vegetarier 108–109
Gebratener Tintenfisch mit
    Chili 64–67
Geflügel 90–99
Geflügelte Bohnen 11
    Grüner Bohnensalat 118–119
Gemüse 100–121
    Pfannengerührtes
        Gemüse 102–103
Geschmorte Venusmuscheln
    mit Chili 72–73
Glasnudeln 14
Gurkensalat 54–57

Hähnchen
    Barbecue-Hähnchen 96–97
    Gebratener Hähnchenreis 112–113

Gebratener Reis 106–107
Hähnchen im Pandanblatt 98–99
Hähnchen mit rotem Curry 92–93
Hähnchen-Nudel-Suppe aus
    Nordthailand 32–33
Hühner-Kokos-Suppe 34–35
Pfannengerührtes Hähnchen mit
    Chili 94–95
Würziges Curry-Hähnchen 90–91

Ingwer 12

Kabeljau
    Fisch in Kokosmilch 62–63
    Frittierte Fischfrikadellen 54–57
Kaffir-Limettenblätter 12
Kartoffeln
    Hähnchen mit rotem Curry 92–93
    Rindfleischcurry Mussaman 84–85
Knoblauch 12
Knusprige Maisküchlein 48–49
Kokosmilch 14
    Fisch in Kokosmilch 62–63
    Garnelen mit grünem Curry 70–71
    Garnelen mit rotem Curry 68–69
    Grüner Bohnensalat 118–119
    Hähnchen mit rotem Curry 92–93
    Hühner-Kokos-Suppe 34–35
    Kokosmuscheln 74–75
    Kokosreis 110–111
    Meeresfrüchte in Kokosmilch 76–77
    Rindfleischcurry Mussaman 84–85
    Schweinefleisch mit Curry 80–81
    Würziges Curryhähnchen 90–91
Koriander 14
Koriander, gemahlen 14
Krabben
    Meeresfrüchte in
        Kokosmilch 76–77
    Thai-Frühlingsrollen 36–39
Küchenbeil 24
Küchengeräte 21–24

Limetten 13–14

Maiskeimöl 15
Meeresfrüchte in Kokosmilch 76–77
Menüvorschläge 123–126
Miesmuscheln
    Meeresfrüchte in
        Kokosmilch 76–77
Muscheln
    Kokosmuscheln 74–75
    Meeresfrüchte in
        Kokosmilch 76–77
Mussaman-Currypaste 84–85
Mussaman, Rindfleischcurry 84–85

REGISTER | 127

Nudeln 14–15
Gebratene Reisnudeln 114–115
Hähnchen-Nudel-Suppe aus
Nordthailand 32–33
Würziger Nudelsalat 116–117

Öle 15

Papayasalat, würzig 40–41
Pasten 17–18
Pfannengerührtes Hähnchen mit
Chili 94–95
Pfannenheber 23
Pfannenrühren 23
Pfefferkörner 15–17
Pomelosalat, würzig 50–51

Reis 15–17
Gebratener Hähnchenreis 112–113
Gebratener Reis 106–107
Gebratener Reis für
Vegetarier 108–109
Gedämpfter Reis 12
Kokosreis 110–111
Pikante Reissuppe 30–31
Reiskocher 24
Reisnudeln 14
Reispapierblätter 17
Thai-Frühlingsrollen 36–39
Rindfleisch
Rindfleischcurry
Mussaman 84–85
Würzige Fleischbällchen 88–89

Salate
Fisch mit Mangosalat 60–61
Grüner Bohnensalat 118–119

Gurkensalat 56–58
Würziger Nudelsalat 116–117
Würziger Papayasalat 40–41
Würziger Pomelosalat 50–51
Saucen 17–18
Schalentiere 68–77
Garnelen mit grünem Curry 70–71
Garnelen mit rotem Curry 68–69
Geschmorte Venusmuscheln mit
Chili 72–73
Kokosmuscheln 74–75
Schalotten 18
Schneidbrett 23
Schweinefleisch
Filet mit Shrimpspaste 82–83
Knusprige Maisküchlein 48–49
Knusprige Wan-Tans mit süßer
Chilisauce 42–45
Schweinefleisch mit Curry 80–81
Schweinehackfleisch mit
Basilikum 86–87
Thai-Frühlingsrollen 36–39
Würzige Fleischbällchen 88–89
Würziger Nudelsalat 116–117
Seebarsch
Fisch in Kokosmilch 62–63
Fisch mit Mangosalat 60–61
Frittierte Fischfrikadellen 54–57
Sesamöl 15
Sesamsamen 18
Shaoxing-Reiswein 18
Shrimps, getrocknet 18
Shrimpspaste 18
Filet mit Shrimpspaste 82–83
Sojasaucen 18
Sojasprossen
Gebratene Reisnudeln 114–115

Spargel
Pfannengerührtes
Gemüse 102–103
Stangenbohnen
Gebratener Reis für
Vegetarier 108–109
Grüner Bohnensalat 118–119
Suppen 26–35
Hähnchen-Nudel-Suppe
aus Nordthailand 32–33
Hühner-Kokos-Suppe 34–35
Pikante Reissuppe 30–31
Würzige Garnelen-Zitronengras-
Suppe 28–29

Thai-Frühlingsrollen 36–39

Umrechnungstabelle 25

Vorspeisen 36–51

Wan-Tan-Teigblätter 18–20
Knusprige Wan-Tans mit süßer
Chilisauce 42–45
Weizennudeln 14–15
Wok 21–23
Wok vorbereiten 21

Zitronengras 20
Zubereitungszeit 25
Zucker 20
Zuckermais
Gebratener Reis für
Vegetarier 108–109
Pfannengerührtes
Gemüse 102–103
Zutaten 8–20

Danksagung

Als Viv Bowler von BBC Books mich fragte, was ich als
Nächstes schreiben wollte, schlug ich vor, mit der „Wok-
Kochschule – chinesisch" zu den Grundlagen zurück-
zukehren. Sie erkannte sofort das Potenzial eines solchen
Buches und fragte, ob ich auch eine „Wok-Kochschule –
thailändisch" schreiben würde. Hier ist das Ergebnis ihrer
Anregung, und ich möchte mich natürlich bei ihr zuerst
bedanken.
Gordon Wing testete jedes Rezept genau, und ich danke
ihm für sein Verständnis und seine ausgezeichneten
Änderungsvorschläge.

Dann ist da natürlich noch das hart arbeitende Team bei
BBC Books, das dieses Buch so liebevoll betreute: mein
Verleger Robin Wood, die verantwortliche Redakteurin
Sarah Lavelle, die Redakteurin Jane Middleton, Vivs
tüchtige Assistentin Vicki Vrint und Lisa Pettibone, die
überaus kreative und fantasievolle Artdirektorin. Ich ver-
beuge mich tief vor ihnen.
Sehr dankbar bin ich außerdem Jean Cazals für seine her-
vorragenden, fantasievollen Fotografien.
Dank schulde ich schließlich Carole Blake, meiner Agentin
und Freundin. Dank euch allen!